科學革命者 伽利略

上知日月星相，下知力學慣性，
揭發眞相的探索者，百折不屈的科學人生

Galileo Galilei

打破舊說 × 創立新說的科學巨人

他，在物理學，發現了拋物線定律；

他，在文化史，成爲了與權威鬥爭、爭取探索眞理的象徵；

他，在天文學，發現月球地表景象、四個木星衛星、金星相變和太陽黑子。

他是現代科學之父──伽利略

潘于眞，馬貝 編著

目錄

目錄

序

伽利略·伽利萊（Galileo Galilei, 1564 —— 1642），1564 年
2 月 25 日出生於義大利的比薩。

伽利略是現代實驗科學的先驅者，是義大利文藝復興後期偉大
的天文學家、力學家、哲學家、物理學家、數學家，被稱為「現代
科學之父」。

伽利略是為維護真理而獻身的不屈不撓的戰士。他是「不管有
何障礙，都能不顧一切地打破舊說、創立新說的巨人之一」。

伽利略是第一個把實驗引進力學的科學家，他利用實驗和數學
相結合的方法確定了一些重要的力學定律。他是利用望遠鏡觀測天
體取得大量科學成果的第一位科學家。

伽利略一生堅持與唯心論和教會的經院哲學抗爭，主張用具體
的實驗來認識自然規律，認為實驗是理論知識的源泉。

伽利略首先在科學實驗的基礎上融會貫通了數學、物理學和天
文學三門知識，擴大、加深並改變了人類對物質運動和宇宙的認
識。為證實和傳播哥白尼的日心說獻出了畢生精力。

為此，伽利略晚年受到教會迫害，並被終身監禁。他以系統的
實驗和觀察推翻了以亞里斯多德為代表的純屬思辨的傳統自然觀，
開創了以實驗事實為根據並具有嚴密的邏輯體系的現代科學。

伽利略著有《星際信使》、《論太陽黑子》、《關於托勒密和哥
白尼兩大世界體系的對話》和《論兩種新科學及其數學演化》等
著作。

序

　　伽利略的科學發現，不僅在物理學史上而且在整個科學史中都占有極其重要的地位。他不僅糾正了統治歐洲近兩千年的亞里斯多德的錯誤觀點，更創立了研究自然科學的新方法。

　　後來，惠更斯繼續了伽利略的研究工作，他導出了單擺的週期公式和向心加速度的數學表達式。

　　牛頓在系統地歸納了伽利略、惠更斯等人的工作後，得出了萬有引力定律和牛頓運動三定律。

　　伽利略留給後人的精神財富是寶貴的。

　　愛因斯坦曾這樣評價：「伽利略的發現，以及他所運用的科學推理方法，是人類思想史上最偉大的成就之一，而且代表著物理學真正的開端！」

　　為了紀念伽利略的功績，人們把木衛一、木衛二、木衛三和木衛四命名為伽利略衛星。

　　人們曾經放言：「哥倫布發現了新大陸，伽利略發現了新宇宙。」

出生於沒落家族

在義大利的中部有一座美麗的城市，它就是著名的佛羅倫斯城。

蜿蜒向北的阿爾卑斯山是那樣雄偉、那樣壯觀，它宛若一道天然屏障，在義大利與斯洛維尼亞、奧地利、瑞士和法國之間畫出一道優美的界線。

文藝復興之花最初就是在這裡綻放，因此，這裡又是歐洲文藝復興的發源地。

這些自然的和歷史的青睞，讓這座花園城市到處充滿了浪漫的氣息，到處充滿了獨特的藝術魅力。

從 12 世紀起，一些神學家們把亞里斯多德和其他一些古希臘學者的著作中，關於自然的一些知識與基督教的教義融合起來，把自然現象中的很多事情神祕化。

例如，他們把電閃雷鳴解釋成是上帝對人類的警告，把狂風暴雨解釋成是上帝對人類的懲罰。

他們還把亞里斯多德的學說奉為金科玉律，任何一個研究者都不能對他的學說產生絲毫的懷疑，否則，就是對他的大不敬，就要受到宗教裁判所的懲戒。

在這種情況下，學者們只能故步自封，他們是從來不敢去懷疑這些信條的。他們只是在日復一日、年復一年地浪費時間，討論一些無關緊要的東西，卻不能讓科學向前邁出半步。

　　在這個時候，文藝復興運動拯救了人類，它使教會對科學的控制慢慢地減弱了。人們的思想開始逐漸解放，人們開始用正確的、客觀的態度來對待自然科學。

　　1543 年，波蘭著名的天文學家哥白尼的《天體運行論》正式出版了。這部著作的問世，立刻掀起了軒然大波，使全世界都震驚了。

　　在《天體運行論》一書中，哥白尼正確地論述了地球繞著自身的軸心運轉、月亮圍繞著地球作有規律的運轉、地球和其他所有的行星都圍繞太陽運轉的事實。

　　但是，他也和前人一樣犯了同樣的錯誤。那就是，他也嚴重地低估了太陽系的規模。

　　他認為，星體運行的軌道是一系列的同心圓，這在現在看來，顯然是錯誤的。

　　哥白尼的學說裡的數學運算很複雜，也很不準確。但是他的書立即引起了全世界的普遍關注，有些人甚至抱著極大的熱情來關注。

　　其他一些天文學家也開始對行星運動作更為準確的觀察。其中最著名的是克卜勒，這位最終推導出星體運行的正確規律的偉大人物。

　　這一年，距離伽利略的出生只有 21 年。但是，就在《天體運行論》被宣布為禁書之前，一位義大利的學者布魯諾，因為宣傳日心說以及與羅馬教廷相對立的宇宙觀而被處以嚴酷的火刑。

　　這是一個以宗教為嚴厲桎梏的時代，但它同時又是一個充斥

著反叛精神和大無畏的求實精神的時代，伽利略就在這樣的時代應運而生。

伽利略的出生，也為佛羅倫斯的地靈人傑增添了一個有力的證據。

1564 年 2 月 25 日，伽利略出生於義大利西部偏北的一個小城市 —— 比薩。

文藝復興時期著名的藝術家米開朗基羅是在伽利略出生後三天逝世的，這也許是文藝復興由藝術轉入科學的一種徵兆。

伽利略的家族，曾經是一個名門望族。這個家族曾出現很多傑出的官吏、藝術家和軍人。但是，到伽利略出生的時候，這個家族卻已經沒落了。

伽利略的父親文森西奧，曾經是一位非常出色的音樂家和數學愛好者。

文森西奧寫過幾本關於音樂理論與實踐相結合的著作，在這些書裡，我們可以看出文森西奧是一個具有非凡的創造力和嚴密的邏輯推理能力的人，這與他早年的學習是分不開的。

文森西奧曾在威尼斯跟隨一位叫做查理的音樂家學習音樂理論，他對希臘音樂產生了無限的興趣，並且對此進行過一些深入的研究。

文藝復興給義大利帶來了文化和藝術繁榮，不僅產生了達文西等一大批傑出的藝術家，而且喚起了人們對科學和藝術的普遍愛好。

這種良好的社會氛圍，造就了大批崇尚科學與藝術的普通人。伽利略的父親就是其中之一。

文藝復興的浪潮把文森西奧也捲入了這場思想解放運動。

他透過對古典音樂的學習，發現當時歐洲的音樂，尤其是歐洲的宮廷音樂，過於矯飾和雕琢，沒有一點生氣，破壞了音樂的和諧美，讓人覺得乏味。

於是，文森西奧寫文章抨擊這一現象。為此，他和他的老師查理發生了爭論。

文森西奧認為當下的音樂已經被一些所謂的音樂家們變成了一種抽象的數學，完全脫離了音樂的本質，變成可以討論的抽象的數字了。

老師查理也已明顯地感覺到他的學生對自己思想的背叛了。

文森西奧認為音樂是需要實踐的，沒有實踐，就不會產生美妙的音樂。但是，音樂家們並沒有把這種實踐當成產生好的音樂的一條途徑，反而都來貶低它。

老師查理認為，沒有理論指導，是不能進行正確實踐的。

但是，文森西奧認為不注重人類真實情感和美麗的音樂，沒有什麼真正的作用。文森西奧覺得老師的理論不足以解答他心中的疑慮。

事實的確如此，當時的音樂理論在許多方面已成為抽象的數學，極大地阻礙了音樂的進步。

文森西奧和他的老師查理二人之間進行了一場關於音樂理論的激烈論戰，他的創造力和雄辯才能導致了音樂理論與音樂實踐相結合的一場革命。

就在文森西奧反對純理論音樂的戰鬥打響之後不久，迅速變

化的音樂實踐導致了歌劇的誕生與發展。

據說，在義大利至今還能聽到曾經由文森西奧寫的旋律優美的樂曲。

這一場音樂理論的激烈論戰，雖然年幼的伽利略並不能完全明白，但喜歡大發感慨的文森西奧常常在家裡進行他的演說。

父親的觀點，尤其是強調實踐和蔑視權威這兩點，對伽利略日後的科學研究，產生了極大的影響。

當時研究數學和音樂還不能謀到職業，所以，充滿理想的文森西奧，一面四處尋找工作，一面陶醉在數學計算和音樂欣賞中。

伽利略的出生，給這個家庭帶來了歡樂，同時也帶來了負擔。

由於家庭經濟不富裕，多一張嘴，就多一份消費，為此，父親文森西奧不得不花更多的時間去工作，以便養活全家。

但是，生活上的拮据並沒有給伽利略的父親帶來悲觀的情緒。相反，他仍是那麼樂觀，那麼喜愛孩子。

伽利略的到來，使他覺得生活更有意義，因而情緒也更加高漲起來。

還是嬰兒的伽利略，頭大大的，前額寬寬的，鼻子高高的。

幽默的父親一見到兒子就說：「哈哈，一看我兒子這顆碩大的腦袋，就知道他將來準是個不平凡的傢伙。」

他還抱著孩子高興地唱起了歌謠：

感謝主的恩賜，

我有了兒子，
有了後代。
感謝主的恩賜，
有了寶貝，
有了財富。

看著高興得有些忘乎所以的丈夫，臉色蒼白的妻子茱莉亞‧阿曼娜蒂趕緊走過來。

她邊從丈夫的懷裡接過啼哭的嬰兒，邊嗔怪道：「你看你，別嚇到孩子！」

嬰兒很聽話，他在母親溫暖的懷抱中，睜著一雙大眼睛，東瞅瞅，西瞧瞧，果然就不哭了。

注重教育的文森西奧，在兒子剛剛學說話時，就開始了對兒子的一系列潛移默化的教育。他教兒子認識數字，還時常唱歌給兒子聽。

這個長著大腦袋的小傢伙，對音樂不感興趣，而對抽象的數字卻很敏感。他常常一個人對著父親教的阿拉伯數字咿咿呀呀地數個不停。

文森西奧對兒子的教育是極富耐心的。他不僅教兒子學數字，還教他拉丁文和其他文字。等到兒子稍微長大一些了，文森西奧又開始教他畫圖畫、做玩具等。

細心的父親發現，伽利略的小手異常靈巧，他總是願意自己動手做些小玩具。

父親意識到，伽利略有著與別的孩子不一樣的頭腦。因為他

看到兒子在這麼小的年紀，就能夠既喜歡抽象的數字，又喜歡自己動手。這是多麼令人不可思議的一件事呀！

為了開發兒子的智力，父親寧可自己犧牲許多欣賞音樂的時間，而系統教授兒子學習本國的文字、拉丁文、計算等。

寓意深遠的名字

　　美麗的妻子茱莉亞·阿曼娜蒂幫文森西奧生了個大胖小子，使文森西奧喜出望外。他經常會去市場買一些奶酪、奶油、雞蛋等營養品。在丈夫的精心照料下，妻子奶水充足，兒子被餵得又白又胖。

　　茱莉亞·阿曼娜蒂雖是貴族出身，但家境也不算富裕。自從嫁給文森西奧以後，小兩口過著貧窮的日子，倒也和和美美。結婚後，她曾經盼望著有一個孩子，男孩女孩都行。她知道，丈夫最需要的是男孩。如今，感謝主的恩賜，遂了丈夫的心願。

　　伽利略從小就嘗到了生活的艱辛，因為到他出生的時候，家道已經衰落了。他們家就住在比薩一條狹窄的巷子裡，房子是祖上留給他們的。

　　從外表上看，房子還算說得過去，可是，歲月無情，曾經驕傲和輝煌過的青石頭，現在已經露出了敗落和晦氣的味道，讓人看了就覺得壓抑和氣餒。

　　進了屋，這種氣氛更是撲面而來。房子終日不見陽光，顯得陰暗潮濕。

　　文森西奧有了兒子，雖然感覺到非常喜悅，但是伽利略的誕生，使得這個原本就很清貧的家庭更加拮据。文森西奧每天都很忙，但是他的工作一直都不是很順利。

　　文森西奧的脾氣，由於生活的壓力而變得越來越暴躁，他經

常把孩子當成發泄內心不滿的出氣筒，總是把孩子罵個昏天黑地、不知所措才肯罷休。

伽利略出生之後，過了好久，父親文森西奧也沒給他取一個名字。文森西奧認為兒子的名字絕對不能隨便亂取。幾個月來，他已經給兒子起了十幾個名字，但是都被他跟妻子一一否定。文森西奧挖空心思，一定要給兒子起一個麥地奇家族從來沒有過的極其特殊，並且有著極好寓意的名字。

有一天，文森西奧上街時，一個衣衫襤褸、蓬頭垢面的乞丐向他伸出了一隻髒兮兮的手，說道：「先生，行行好，給一點兒錢吧！我已經好幾天沒有吃東西了。」

起先，文森西奧被這個突然伸出一隻手的人嚇了一跳，他沉默了一下，眼睛盯著乞丐看，乞丐以為文森西奧沒有聽清楚，於是又說了一遍：「先生，給點兒錢吧！我已經好幾天沒有吃東西了。」

文森西奧仔細看著乞丐，內心突然有一種觸動，他忽然覺得這個人的命運和他是這樣相近。他甚至好像看到了自己帶著妻子茱莉亞‧阿曼娜蒂和兒子，在沿街乞討。

文森西奧不由得驚叫起來：「天啊！這難道就是我未來的命運嗎？」

文森西奧的舉動把乞丐嚇了一跳，以為文森西奧是一個精神病患者，不敢再繼續乞討，趕忙轉身跑掉了。

文森西奧遇到那個乞丐後便惶惶不可終日，他不停地在想：如果有一天我也淪為了乞丐，我的妻子，還有我的兒子，該怎

麼辦？

　　妻子茱莉亞·阿曼娜蒂看到丈夫不正常的舉動，心裡很是焦急，她以為丈夫得罪了哪一方的神靈，於是就連忙去教堂為丈夫祈禱，請聖母瑪利亞保佑她的丈夫平安無事。

　　過了不久，文森西奧逐漸從失望和頹廢中振作了起來，他想到了自己的兒子。他覺得兒子是一個聰明的孩子，於是，他把希望寄託在了兒子的身上。

　　文森西奧相信，這是上帝給予他的恩賜。他覺得，黑夜雖然降臨了，前面的道路模糊不清，可是，他不能退縮，他應該大膽地向前走，只有走下去，才能慢慢看清道路。主會在他們需要的時候，用火炬來為他們照亮的。

　　文森西奧想到兒子，信心又一次回到了他的身上，他開始覺得天空比以前晴朗多了，屋子裡也不再陰暗了，太陽不再陰著臉嘲笑他了，小鳥也不再噪得讓他心煩了。甚至連他的心情也開朗了許多，臉上開始有了友好的、善意的微笑。

　　尤其是對兒子，他開始時常望著伽利略並且流露出嘉許的微笑。有一天，他突然興奮地對正在忙著打毛衣的茱莉亞·阿曼娜蒂說：「親愛的，你整天忙著幹你的那點活，有沒有仔細觀察過我們的孩子？」

　　茱莉亞·阿曼娜蒂不解地看了一眼文森西奧，說：「你說什麼呢？我哪天不看這個小東西。」

　　「親愛的，我是認真的，你可千萬別忽視我們的兒子，我終於給我們的兒子想了一個非常好的名字，就叫伽利略。想想看，伽

利略是一個多麼好的名字啊！」

茱莉亞‧阿曼娜蒂想了想，有些冷冰冰地說：「姓伽利萊，又叫伽利略，姓和名差不多少，怎麼能行！」

文森西奧見妻子並沒有理解自己的意思，於是接著說道：「伽利略，我們的兒子，這是一個多麼響亮的名字啊！你要知道，它預示著美好的前程，預示著我們的兒子會恢復我們祖上的光榮，為我們重振家風啊！」

文森西奧本來以為妻子聽了這話以後，一定會現出一副很感興趣的樣子，會停下手中的活兒，向他請教個究竟，可是，他錯了。妻子仍然毫無興致地聳聳肩說：「你說名字？你說名字就會讓我們的兒子前程似錦嗎？不就是把姓的詞尾變了一下嗎？」

文森西奧卻依舊興奮地說道：「你可不要小瞧了這個詞尾的變化，雖然我們只是把 Galilei 的最後一個字母變了，但是，這種方法可以使兒子大吉大利、前途無可限量的。」

茱莉亞‧阿曼娜蒂依舊有些淡淡地說：「照你這麼一說，偉人能夠成名，全是因為名字的改變了？這可真是有點兒讓人難以置信。」

茱莉亞‧阿曼娜蒂的口氣裡帶著幾分冷言冷語，她每天操持著這個家，她要用丈夫拿回來的一點點錢讓一家人都吃飽，而且還要讓一家人都穿得暖暖的，她每天想的都是柴米油鹽，她怎麼會像丈夫一樣，每天花費心思去思索這些事情。

文森西奧卻依舊信心滿滿地說：「伽利萊是貴族的姓，把這個姓 Galilei 的最後一個字母『i』改成『o』就成了伽利略

Galileo。主曾經告訴我們，用這種方法給後代人取名，會使子孫大吉大利，長大後能光宗耀祖，創造出偉大的業績來。」

「啊！原來如此。改一個字母，就有這麼大的學問。希望我們的兒子將來如你所說的能光宗耀祖。」茱莉亞·阿曼娜蒂終於贊同了文森西奧的觀點。

從小就聰明好學

隨著時光的流逝，小伽利略也慢慢地長大了。

他的記憶力很好，父親教過的東西，他都能很快記住。

比薩城位於佛羅倫斯的西北方向，它在歷史上曾經是個海濱城市。隨著陸地的擴展，比薩距離海洋越來越遠了，但這並不能使人遺忘比薩曾作為海上共和國威震八方的歷史和它作為連接東西方紐帶曾發揮重要作用。

比薩的名氣，其實在很大程度上是受惠於比薩斜塔。

聞名世界的比薩斜塔竣工於 1372 年，但是實際上，工程早在 1174 年就已經開始了。

比薩斜塔開始建造時的設計本來是垂直豎立的，原設計為 8 層，高 54.8 公尺。它是獨特的白色閃光的中世紀風格建築物，即使後來它沒有傾斜，也會是歐洲最值得注意的鐘樓之一。

1178 年，當鐘樓建到第四層時，由於地基打得不牢固、不均勻，土層過於鬆軟，導致鐘樓在未建成時就已經開始傾斜偏向東南方了，工程因此而被迫暫停。

1198 年的史料，記載了鐘樓內撞鐘的存在，這代表著鐘樓雖然傾斜，但至少懸掛了一個撞鐘，實現了它作為鐘樓的初衷。

1231 年，工程繼續，第一次有記載鐘樓使用了大理石。建造者採取各種措施修正傾斜，刻意將鐘樓上層搭建成反方向的傾斜，以便補償已經發生的重心偏移。

1278 年，鐘樓建到第七層的時候，塔身不再呈直線，而是為凹形。工程再次暫停。

1360 年，在停滯了差不多一個世紀後，鐘樓又開始了最後的衝刺，人們給它作了最後一次重要的修正。

1372 年，擺放鐘的頂層終於完工了。

54 公尺高的 8 層鐘樓，一共有 7 口鐘，但是由於鐘樓時刻都有倒塌的危險，從來沒有撞響過，而且塔還一直在不斷地傾斜。

隨著時間的推移，比薩塔的傾斜程度不斷增大，目前已達到 4.5 公尺，而且傾斜度還以每年一毫米的速度繼續。

伽利略從小就在比薩生活，在他們家不遠的一個灰色石頭建築門前，有一片草地，是小伽利略和弟弟妹妹們玩耍的地方。

孩子們在草地上奔跑、唱歌、跳舞、捉迷藏，已經 8 歲的伽利略還要照顧 6 歲的大妹維吉莉婭、4 歲的小妹米凱蘭傑洛和 2 歲的小弟米蓋。

帶領不懂事的孩子，也不是一件容易的事情，但是小伽利略從小就愛動腦筋，他用各種各樣的辦法，將弟妹們都哄得很開心，給父親母親減輕了負擔。

小伽利略非常聰明，對什麼事情都充滿強烈的好奇心，不僅如此，這個孩子還心靈手巧。

他似乎永遠閒不住，他會做一些小玩意兒，如小風車、小帆船、小桌子、小椅子等。

當他實在沒有什麼東西可做的時候，他就將家裡的一些東西拆來拆去。有幾次，他把父母最喜愛的東西給拆掉了，還因此遭

到了一頓臭罵。

晚上，小伽利略則喜歡搬一個小凳子去外面，要麼是望著晴朗的夜空發呆，要麼是靜靜地坐在屋外的一個角落裡呆呆地想著什麼。

父親文森西奧看見兒子對天空很感興趣，就經常跟他講述一些有關月亮和星星的傳說。

到了上學的年齡，伽利略能夠自己閱讀家中的一些書籍了。

這時候，父親由於工作繁忙，沒有更多的時間教他讀書和數學計算了。

文森西奧一方面不得不為了生存辛苦地奔波，另一方面又在為兒子的前途擔憂。他必須為兒子找一個能夠接受良好教育的場所，這是文森西奧時刻都不忘考慮的事情。

正當父親為伽利略的教育而發愁的時候，突然出現了一個絕好的機會。

義大利貴族，托斯卡納大公國的統治者 —— 科西莫一世，帶著他的家人來到比薩的行宮休息。而給托斯卡納大公的孩子當家庭教師的是一名叫里奇的教授。

里奇是義大利著名數學家、理論物理學家，張量分析的創始人之一。

1900 —— 1911 年，里奇和他的學生齊維塔的學術成果進一步推動了這一學科的發展，然而直到愛因斯坦在廣義相對論中使用了里奇的理論之後，張量分析才受到普遍的重視。

里奇是伽利略父親的好朋友，也是他數學研究上的夥伴。里

奇隨大公來到比薩，伽利略的父親趕緊前去拜訪。

當里奇問到文森西奧的兒子時，文森西奧突發奇想，提出讓伽利略到大公家跟隨里奇聽課。

里奇並不了解伽利略的智力情況，本不想答應這個唐突的要求。可是，為了照顧朋友的面子，里奇還是同意了讓他帶兒子前來試一試。

這就意味著，如果伽利略能夠聽懂他講的內容，能和大公的孩子友好相處，他就可以旁聽，如果不行，也不能勉強，以免得罪大公。

文森西奧按照約定的時間把伽利略帶到里奇教授的面前。

剛見面時，伽利略沒有引起里奇教授的好感。原因是，伽利略既不漂亮，也不機靈，在生人面前還有些靦腆。

教授問了伽利略幾個問題。伽利略的回答令教授很是吃驚。

這個表面看著有些憨的孩子，在回答問題時卻思維清晰、很有邏輯性。里奇當即決定收下伽利略做旁聽生。

里奇給大公的孩子們講授的課程有很多，包括天文學、地理、數學、神學等。大公的孩子們雖然生活條件優越，但是對學習並不感興趣，聽課的時候很不專心，想聽就聽，不想聽就悄悄溜走了。

伽利略則跟他們不同，他還從來沒有系統地聽人講過課。里奇講的數學、天文學生動有趣，一下子就把伽利略吸引住了。

伽利略聽課非常認真。他總是一邊聽，一邊在紙上做筆記。儘管沒有人教過他如何做筆記，但是，出於對知識的渴望，他還是自發地做起筆記來。

正在講課的里奇對伽利略的表現極為不滿，以為這孩子在隨便亂畫。

下課休息的時候，里奇走到伽利略身邊，拿起他寫在紙上的東西一看，竟然有些吃驚。

原來，伽利略把里奇講的主要內容差不多都記在紙上了。

看到教授走到自己面前，伽利略忘記了在聽課時不能發言的規矩，竟然向教授提了好幾個問題。

里奇高興地解答了伽利略提出的問題，還愛撫地拍了拍這個窮孩子的頭，告訴他：「以後有什麼問題儘管提出來。」

大公家的孩子們看不起穿著舊衣服、說話有當地口音的伽利略。上課時他們都用奇怪的眼光看著他，下課後也不理睬他。

伽利略是個有自尊心的孩子，對大公的孩子們的傲慢態度，他是清楚的。

可是，他喜歡學習，里奇的講解把他帶進了一個神奇的世界。想到這些，伽利略忍下了屈辱，安下心來繼續做旁聽生。

里奇淵博的知識、生動的講解，為伽利略通往知識的海洋指明了一條航道。

在里奇講授的科目中，伽利略最喜歡的是數學，嚴密的邏輯、環環相扣的推理、有根有據的準確證明，使伽利略領略到這門科學的神祕。

里奇見伽利略喜歡數學並且善於思考，就在課間休息時多給伽利略講解一些有趣的數學知識。他還把古代數學家阿基米德的著作借給他看。

里奇的引導，使原本就喜歡數學的伽利略對數學更加著迷了。

興趣廣泛的孩子

孩子們在一天天地長大，家裡的消費支出越來越多。文森西奧拿回家裡的錢，越來越不能維持生計了。

文森西奧這才明白，光靠音樂並不能養活他的一大家子人。於是他打算放棄自己的音樂事業，另想辦法維持這個家的生活。

文森西奧於是對妻子茱莉亞·阿曼娜蒂說：「親愛的茱莉亞·阿曼娜蒂，我們的孩子一個個都在長大。可是，我們的生活費用卻捉襟見肘，我們該怎麼辦啊？」

茱莉亞·阿曼娜蒂皺著眉頭說：「是啊！我們一直都在節衣縮食，可是，這個辦法也不能解決問題了。你看，我們現在的生活都已經到了什麼地步了，家中值錢點兒的東西我們已經當得差不多了。所以，我們必須另找一條謀生之路才行，否則，我們連孩子上學的費用都拿不出來了。」

「另謀生活，我們去幹什麼呢？那些為富不仁、大發橫財的商人將整個社會搞得國不像國、家不像家，居然還將比薩賣給了外國人。」文森西奧出身貴族，他最討厭的就是唯利是圖的商人。這個時候他又發起了牢騷。

茱莉亞·阿曼娜蒂已經聽慣了丈夫的牢騷，她低著頭幹著家務沒有應聲。她知道，如果她稍稍附和一下，丈夫今天的議論就不知道會說到什麼時候，也不知道會說到誰的身上去。所以，她總是這樣不聲不語，慢慢地，文森西奧也就轉移話題了。

文森西奧嘆了一口氣，說道：「我覺得我不適合待在比薩這個地方了，這個地方太小了，咱們去一個大一點兒的城市，或許會有更多的機會，也說不定上天會給我們安排什麼轉機。你看怎麼樣？」

妻子抬起頭，看著文森西奧問道：「可是我們搬到哪兒去，靠什麼生活呢？」

於是，文森西奧低下頭，搔了搔腦袋：「是啊！這個問題我還沒有想好。這個，你有什麼建議嗎？」

妻子提議說：「我看，我們可以做點兒小生意什麼的。」

文森西奧聽到妻子的建議，有些吃驚地叫道：

「做生意？你怎麼能想出這個主意來。你知道我們祖上的歷史嗎？你知道我們的血統嗎？我們是麥地奇家族的一個分支啊！我們是貴族啊！而且，而且我最痛恨的就是那些唯利是圖的商人們！」

茱莉亞·阿曼娜蒂這次卻爭論起來，說道：「貴族，貴族怎麼了？你看看我們目前的生活，這難道是一個貴族應該過的生活嗎？貴族也只是一個頭銜而已，現實一點好不好？想想我們目前要過的每一天。」

茱莉亞·阿曼娜蒂的話讓文森西奧一時啞口無言，心中也不由說道：「是啊！現在生存才是第一位的，生活是不能有虛榮在裡面的。」

可是，讓他一下子接受這個事實，還真是有點兒困難，他不得不嘆息一聲說：

「這個問題，我再考慮一下。你得給我點兒時間，讓我想想看，還有沒有什麼更好的辦法。」

文森西奧一連幾天都在反覆思索著，能做點什麼呢？除了做生意。

終於考慮了好幾天，他才極不情願，又無可奈何地對妻子說：

「茱莉亞·阿曼娜蒂，我想過了，去佛羅倫斯，我們先做羊毛生意，因為羊毛產業是佛羅倫斯的支柱產業，我們去那兒做這種生意，應該還是有前景的，至少，我想我們維持生計還是沒有問題的。」

對生活現狀早已不滿足的妻子聽了高興極了，當即表示同意。

但是，文森西奧心中也總是會想，自己是貴族血統，去做生意，愧對祖宗！

文森西奧開始和妻子一起整理東西。其實，這個家除了幾口人之外，已經再沒有什麼值得要千里迢迢地帶走的東西了。所以，這項工作也不是很艱巨。

1574 年，伽利略 10 歲的時候，他們舉家遷到了佛羅倫斯。

佛羅倫斯是極為著名的世界藝術之都、歐洲文化中心、歐洲文藝復興運動的發祥地、歌劇的誕生地、舉世聞名的文化旅遊勝地。它屬托斯卡納公國管轄。

佛羅倫斯連接義大利北部與南部鐵路、公路網的交通樞紐，阿諾河橫貫市內，兩岸跨有 7 座橋樑。市區仍保持古羅馬時期的建築格局，有許多中世紀的建築藝術。

全市有 40 多個博物館和美術館，其中烏菲茲和彼提美術館舉世聞名。世界第一所美術學院、世界美術最高學府佛羅倫斯美術學院蜚聲世界，義大利繪畫精華薈萃於此。

這裡不僅有著名的文化中心和大學，還有藝術、文學、科學研究院與圖書館等。

當時，義大利不是一個統一的國家，在中部地區，是以羅馬為中心的教皇領地，教皇在義大利有相當大的勢力，他統治著思想界，不允許有反對傳統教義的思想存在。

其他地區是一些邦國，佛羅倫斯就是一個重要的邦國，托斯卡納公國的中心。

佛羅倫斯湧現了許多偉大的思想家、藝術家、科學家、詩人，還形成了崇尚科學和文化的傳統。

當伽利略一家人來到這座城市的時候，佛羅倫斯已經建設得相當漂亮。

這裡氣候溫和，雨量充沛。平靜的阿諾河橫穿城市中心，緩緩流過，河上橫貫著許多造型別緻的橋樑，河兩岸的建築也各具形態，有的宏偉高大，有的古樸典雅，有的獨具匠心。

對於喜歡學習和思考的伽利略來說，這座城市無疑給他提供了一個較為良好的學習環境。他既可以享受進步科學文化的薰陶，也可以接受較好的教育。

文森西奧在市中心的位置租了一家店鋪，前屋賣布匹、羊毛，後屋住人。

在這裡，店鋪的生意比在比薩城要好得多。唯一的一點遺憾

是，整天都處在城市的喧鬧聲中，失去了在比薩居住時的清新與寧靜。

　　一個假日，文森西奧從外邊回來，聽到從房間裡傳出悠揚悅耳的琴聲。不由得心中一驚，因為他知道妻子茱莉亞・阿曼娜蒂是不會彈琴的，但又會是誰彈的呢？

　　文森西奧走進琴房，只見小伽利略正端坐在風琴前，聚精會神地彈奏著。他是那麼專心，以至於有人來到他身邊，他都未察覺到。

　　彈完一曲後，小伽利略猛然一抬頭，看到了父親。他嚇得立刻站了起來，突然間不知所措。

　　文森西奧卻笑著叫道：「不錯，不錯，你是貴族的後代，又是音樂家的兒子，你應該懂得一些音樂才行，而且你剛才也彈得不錯。再彈一遍，讓我聽聽有沒有什麼錯誤？」

　　小伽利略重新坐好，認真彈完一遍後，文森西奧說道：「整體而言很好，但是，合拍不協調，你的指法也不對。讓我來彈一遍。」

　　文森西奧說著便坐下彈了起來。一邊彈，一邊講解，小伽利略仔細看著，聽著。

　　一曲彈罷，文森西奧又讓小伽利略彈了一遍，確實比剛才合拍協調了許多。

　　文森西奧高興地說：

　　「我的兒子可真聰明，稍加指點就會，以後肯定會超過父親的。」

興趣廣泛的孩子

小伽利略問道：「父親，我感覺低聲也很悠揚好聽，就像小溪緩緩地流過森林，我還想學吹笛子。」

文森西奧覺得伽利略很有樂感，這一點至少是他的遺傳基因起了些作用吧！於是，他高高興興地當起了伽利略的音樂老師。

他發現這個「學生」實在是太有天賦了，當他講了一些初學的基本知識給兒子之後，伽利略竟很快地就可以彈一手流利的風琴了，笛子也吹得足可以達到登台演出的水平了。

文森西奧大吃一驚，他興奮地大聲讚歎道：「我的兒子，你現在的水平就可以登台亮相了。依我看，只要你稍稍用一點功，就可以成為托斯卡納公爵的宮廷樂師。而且，我堅信，你一定會得到他們的喜愛！那時候你就不用像我現在這樣，只能在閒下來的時候，演奏給自己聽，做一個沒有聽眾的音樂家，你將成為所有聽眾心中的偶像。」

文森西奧說這番話時，得意揚揚，好像他所說的都已經變成了現實。茱莉亞·阿曼娜蒂在一旁很是不滿，她對丈夫說：「我問你，音樂有什麼用，音樂能給你帶來麵包和奶酪嗎？音樂能給你帶來衣服和鞋子嗎？音樂能養家餬口嗎？你搞音樂，害了自己不說，怎麼現在還要來耽誤我們兒子的前程呢？你對孩子說這種話，不是在誤導他嗎？」

伽利略被父親和母親截然相反的說法搞得有點摸不著頭腦，但是父親沒有對母親的話提出反對意見，那麼就照母親說的去做好了。於是，伽利略似懂非懂地點了點頭。

有一天，佛羅倫斯連日陰雨，孩子們憋在屋裡出不去，嬉笑

打鬧，嘈雜得很。

伽利略為了哄妹妹、弟弟們安靜下來，特意用木塊做了一個猴子，腿上掛上橡皮筋，把橡皮筋纏緊，放在地上，可以跳 1 米多高。這樣，孩子們被會跳高的木猴子所吸引，停止了打鬧。

文森西奧看見了，拿起木猴子，反覆看了看，還親自放在地上試了試，問 ：「這個木猴子是誰做的？」

孩子們齊聲回答 ：「是伽利略做的。」

文森西奧誇獎說 ：「這個玩具要在 50 年前出現，是會驚動全世界的。那時候是文藝復興的黃金時代，有個偉大的達文西，他不僅是畫家，還是音樂家、哲學家、科學家，多才多藝，行行都是高手 ！」

「我就要做像達文西那樣的偉人，等我長大了，還要超越他，發明震驚世界的東西。」伽利略不由羨慕地說道。

雖然伽利略在音樂上表現出了一定的天賦，可是他更加喜歡的是繪畫，他一直夢想著自己可以成為像達文西、拉斐爾一樣的畫家。

佛羅倫斯的一流畫家多得數不清，在這裡，處處都可以享受到繪畫精神和技巧的陶冶。所以，伽利略有這樣的想法也是不足為奇的。

過了不久，小伽利略領著妹妹弟弟畫起畫來。妹妹弟弟都是亂畫一通，把白紙塗成漆黑一片。而小伽利略，卻是畫什麼像什麼，畫出的狗、貓或者車馬、房舍，好像真的一樣。

茱莉亞·阿曼娜蒂發現小伽利略畫了很多畫，挑了幾張，拿

給丈夫看，文森西奧大吃一驚，問：「這些都是伽利略畫的嗎？很了不起，畫得太好了。」

文森西奧將每幅畫反覆看過並讚譽道：「已經超過我的繪畫水平。要是再有名人指點一下，我們的兒子將來可以成為一名優秀的畫家。」

茱莉亞·阿曼娜蒂對丈夫的這種幻想與異想天開，已經是見怪不怪了，嬉笑著說道：「小孩子瞎畫幾筆，就成了畫家了，誰信呀？」

文森西奧卻認真地說：「兒子的畫再下功夫練一練，就能拿到佛羅倫斯去和那些名畫家的畫比一比。」

文森西奧不是隨便說說，他敦促小伽利略練畫，並請了幾位畫家指導，經過半年時間，小伽利略的畫大有長進。

有一天，伽利略收到了一封信，他想了半天，誰會寫信給自己呢？會不會是寄錯了呢？他反覆看了幾遍，沒錯啊！寫的就是他的名字。於是，他拆開了信。原來，是一封致賀信。伽利略的畫得獎了。這可真是個從天而降的喜訊，伽利略高興極了，他飛跑著把信拿給母親看。母親在伽利略的額頭上親了一下，鼓勵他說：「你可真是個小畫家。今晚我們應該慶祝一下。」

文森西奧得知兒子獲獎後，眼睛一下子亮起來，對於他來說，小伽利略能夠取得這樣的成績，已經是一個奇蹟了。他一把拿過信，匆匆地看了一遍，然後高興地把伽利略抱在懷裡：「兒子，你可真行，你以後要更加用心地畫畫啊！」

文森西奧進了屋，對茱莉亞·阿曼娜蒂說：「我看我們的兒

子真是很有天賦，說不定他以後會成為一個很偉大的畫家。你想想看，在伽利略出生後的第三天，米開朗基羅就去世了，而伽利略出生的地方又與達文西出生的地方離得那樣近。我看，這其中必定有什麼淵源和因果關係，你說呢？」

茉莉亞·阿曼娜蒂最不喜歡丈夫這種胡思亂想、牽強附會，便只是有些不屑地應付了一聲。

文森西奧見妻子不理會自己，於是向前湊了湊，說了許多關於一些偉大的藝術家、科學家的事情，想要進一步開導開導妻子。

但是妻子對他的想法依舊表現得很冷淡，因為她在考慮著眼前窘迫的現實生活，文森西奧於是嘆了口氣說：「我知道你的想法，我也明白，除非他能成為像米開朗基羅、拉斐爾一樣出色的藝術大師。否則，他的前途會像我一樣沒有希望，他的生活也會陷入困境。」

但是在晚宴上，夫妻二人對伽利略讚揚了一番，並且要求弟弟妹妹向伽利略學習。

伽利略受到父親的讚揚，高興得合不攏嘴。其實，他對音樂並沒有太大的興趣，他真正愛好的是繪畫。他聽父親講過義大利的畫家達文西，還看過他的畫，曾經夢想成為像達文西那樣的畫家。

所以，小伽利略一有空閒就練習畫畫。從炭鉛畫、水彩畫到油畫都練過。他的畫拿到佛羅倫斯得了不少獎，這是他未曾想到過的。

 **興趣廣泛的孩子**

　　伽利略聰穎過人，有多方面的愛好，繪畫還得過獎，很快傳遍了全城。鄰居和親朋好友都羨慕文森西奧家有個神童兒子。

喜歡動腦和幻想

伽利略從小就是個心靈手巧的孩子，他喜歡設計和動手製作一些小玩意兒，這是他的快樂源泉，這些小東西常常會讓弟弟妹妹和鄰居家的孩子們狂喜不已。

有一天，天下起了大雨，雨水慢慢匯流成一片一片的水窪，伽利略望著眼前一片一片的積水，突然感覺這裡面還缺少點什麼。伽利略想到了他看過的圖畫書上的畫面，在那幅圖畫上面，還有一艘一艘的大船。他要親自動手為這些小河流增添一些生氣。

伽利略回到屋子裡，拿出他的「百寶箱」，他開始為他的計劃精心設計了。看了看手中的原料，他決定做一艘出海捕魚的大漁船。

伽利略向來就喜歡想像，善於動手製作一些小玩意兒，所以這個時候，已經熟悉了各種工具的伽利略熟練地進行著他的小創造。

妹妹看到哥哥在那兒一聲不響地忙碌半天，不禁好奇地走過去問道：「哥哥，你在幹什麼呢？」

伽利略仍舊擺弄著手中的漁船，邊忙碌著邊說道：「我正在做漁船。是漁船，你見過嗎？」

「當然，我在書上看到過。哥哥，你真會做漁船嗎？」妹妹有些懷疑地看著哥哥手中擺弄著的工具。

「你看，我就快做成了。」伽利略忙碌著，顧不得抬頭看妹妹一眼。

「那你的漁船會走嗎？」妹妹依舊好奇地詢問著。

「你等著瞧吧！我要把它放到大河裡去。等一會兒你就知道了。別打擾我，你在一旁看著，一會兒我帶你一起去航海。」

妹妹聽哥哥這麼一說，便不再打擾哥哥的工作了。她乖乖地站在一旁看著伽利略的「浩大工程」。

過了一會兒，一個木製的漁船模型就在伽利略的手中製作完成了。

伽利略突然從地上站了起來，對著旁邊的妹妹叫道：「我的漁船做好了。」

伽利略興奮地拉著妹妹的手，飛一般地跑到屋子前面的那窪水坑前。

在這段時間裡，水流不斷地彙集著，窪水的面積也變得越來越大了。妹妹也高興得幾乎要跳起來，她興奮地叫道：「太好了，太好了，大船要放進大河裡啦！」

鄰居家的幾個小夥伴聽見伽利略和他妹妹在雨中的歡呼聲，不由得探出頭來看看是怎麼回事。

當同伴們看到伽利略的小船在水中航行的時候，也都禁不住誘惑了。他們紛紛從各自家裡跑了出來，開心地跟伽利略兄妹倆一起玩了起來。

大家不住地誇獎伽利略的聰明，居然能做出這樣有趣的小玩意兒。夥伴們競相要求伽利略給他們每個人都做一隻小船，拿到

水窪中遨遊。

　　伽利略除了有想當畫家的理想之外，他還有眼前最現實的願望，那就是自己能做點兒什麼來幫助母親料理這個家。

　　文森西奧做羊毛生意，需要很多的投資，再加上孩子們一天天大了起來，開銷也自然就多了起來。家庭經濟拮据是不可避免的。

　　每當小伽利略看到父親穿著破舊的大衣、緊鎖著眉、整天愁眉不展的樣子，每當他聽到父親那長吁短嘆的聲音，他總是痛在心頭。

　　伽利略思索著，能有什麼辦法來幫助父母解除壓力，讓他們高興一下呢？小小年紀的伽利略在心理上負擔了與他的年齡極不相稱的重擔。

　　終於，伽利略想到了一個好辦法。

　　有一天，當伽利略再次看到自己製作的那艘漁船後，突然想到小夥伴們都喜歡自己做的小玩具，如果自己做更多更好玩的小玩具到大街上去賣，換回來金幣不就可以幫助父母分憂解愁了嗎！

　　在接下來的幾天裡，伽利略一直在挖空心思地想像著。他不時地翻弄著自己的「白寶箱」、家裡面沒有用的材料，來完成自己的傑作。

　　終於，伽利略做好了幾個有趣的小玩具。

　　這天他趁父母不注意，一個人帶著自己的傑作來到了大街上。

伽利略從來沒有做過生意，更不要說推銷自己的小玩具了。他在一個商店的角落裡的長椅上蜷縮著，等待著有人來買他的玩具。

但是，過了好久，也沒有一個人過來詢問他的小玩具，小伽利略疲憊地睡著了。

在夢裡，有好幾個孩子圍著伽利略，爭先恐後地要買他僅剩下的幾個小玩具，並為了能夠買到伽利略做的小玩具互相爭吵著，一個人說是他先來的，應該是他先買；另外一個卻將手中的錢直接塞進了伽利略的口袋裡，就要拿走玩具，倆人爭執起來。

伽利略不一會兒就將所有的小玩具都賣完了，他高高興興地帶著滿滿一袋子金幣趕到家中，還沒等進門就高興地大聲喊叫著：「母親，母親，我回來了，我賺了好多的錢。」

母親驕傲地撫摩著他黑色的頭髮，弟弟妹妹既羨慕又興奮地圍著他嘰嘰喳喳地說個不停。

一陣涼風吹來，伽利略凍得打了個冷戰，把身上的衣服裹了裹，睜開眼睛一看，自己原來是蜷縮在商店角落裡的一個長椅上，剛才所有的一切都是在夢裡。

伽利略還是決定坐在那裡耐心地等上一會兒，說不定就會有人來買了。可是，慢慢地，天快要黑了，伽利略失望地看了看手中拿著的幾個玩具，它們竟然一個也沒有賣出去。

這些小東西，自己玩是一回事，可是要拿它們來換金幣又是另外一回事了。

伽利略拿著他的幾件小玩具無精打采地回到了家。

父親問他去哪兒了？怎麼才回來呢？

伽利略因為今天一個玩具也沒有賣出去，所以打不起精神來，對於父親的問話，他沒有應聲。這時，父親看到了伽利略手中的玩具，驚奇地問：「這些玩具是哪兒來的啊？」

伽利略進了門，垂頭喪氣地說：「是我自己做的。」

文森西奧不由驚訝地說道：「孩子，你可真棒。」

伽利略本來是挺沮喪的，可是被父親一誇，他把自己今天的不愉快都拋在了腦後，高興地說：「父親，將來我長大了，要發明更偉大的東西。」

文森西奧立刻收斂了笑容，將小伽利略叫到了一旁，嚴肅地對他說道：「你怎麼可以這樣妄自尊大呢！」

他又想到伽利略還是個小孩子，得對他講道理才行，這樣罵他一通，只能事倍功半。

文森西奧蹲下身來，拍了拍伽利略的腦袋，說：「孩子，你要知道，你可能是有不同尋常的智慧，有一顆靈心和一雙巧手。可是，上帝給予我們的才能和恩典越多，我們就越應該謙卑，因為只有謙卑的行為才能獲得上帝的庇佑。」

伽利略專心地聽著父親的教誨，文森西奧接著說道：「《聖經》中告誡我們說：『驕傲來了羞恥也來，謙遜的人卻有智慧。』如果不聽主的告誡，以驕傲自滿作為自己的處世準則，必然要墜落到泥潭中去。」

「達文西就是一個現成的例子。他有才幹，這是誰也不能否認

的。可是，他太自負，有如魔鬼撒旦一般，不聽主的告誡，在他死前的 6 年，背叛了生育、撫養他的家鄉佛羅倫斯，更讓人不能接受的是，他居然在此後的 3 年，去了法國，接受法國國王弗朗西斯一世的邀請，到法國宮廷去當畫師。但是，他從此便失去了創造力，他受到了上帝的懲罰。最後，他在異國他鄉的孤獨和痛苦中死去，這是他一生的最大悲劇。」

文森西奧又擔心兒子誤解了他的意思，便繼續說道：「兒子，你還太小，有些事情你還不懂。我不是說你不該有遠大的理想，小孩子有理想、愛幻想是可以理解的。可是主告訴我們：『聰明與虛心在一起，智慧與狂傲無緣。』只有虛心謙卑的人，今後才能有所作為。」看著小伽利略認真聽他講話的樣子，文森西奧繼續說道：「其實，我年輕的時候也有好奇心，有時候甚至也會懷疑祖先和長輩的智慧。但是，當一個人慢慢長大的時候，他就開始懂得前輩傳下來的智慧。讓一個年輕人沒好奇心是不可能的。主告訴我們，智慧光顧那些尋找它的人們。」

伽利略並不能完全懂得父親的話，他按照自己的思維去理解著。聽父親說到這裡，他便鼓起勇氣說：「父親，那我今後不向達文西學習了，而向哥白尼學習，他提出的地動日靜的學說當時震驚了全世界，將來我也要做哥白尼那樣的大科學家！」

文森西奧聞言馬上變了臉色，因為兒子沒弄明白他的意思，他看了一眼伽利略，非常嚴肅氣憤地說道：「胡說！哥白尼算什麼，主早就告訴我們，大地主宰世間的一切，太陽、月亮是繞著大地轉的，哥白尼的學說純屬造謠生事、蠱惑人心，你怎麼能向他學習呢？」

從這以後，文森西奧深切地感受到，兒子雖然聰明、能幹，但是他太張狂，不知收斂，這樣出言不遜、鋒芒畢露的一個人，在今後的生活中是很容易遭人暗算的。

　　每次想到這兒，文森西奧總是憂心忡忡、若有所失，他覺得要儘快想個辦法教育一下這個孩子。

到修道院裡學習

從上次的談話以後，文森西奧感到伽利略雖然聰明過人，但是十分幼稚、驕傲張狂，容易受歪門邪道的蠱惑。他想，對兒子要嚴加管教。

文森西奧幾經考慮後，終於想了一個辦法，那就是把兒子送到瓦隆布羅薩的卡馬多斯修道院去學習。一方面可以磨煉一下他的銳氣，另一方面可以打好文化課的基礎。

修道院裡有一位學識、品德俱佳，而且精通亞里斯多德和多瑪斯·阿奎那的著作的神父。文森西奧相信，兒子學了這些知識以後，一定會知道天高地厚，變得謙遜起來，從而走上研究學問的道路。

文森西奧認為，送兒子到這所修道院去，在這位神父的教導下，伽利略肯定會走上正道，獲得扎實的知識。

就這樣，10 歲的伽利略進了修道院。

修道院是天主教培訓神父的學院，不過在當時，還沒有世俗的普通學校，請不起家教的孩子只能到修道院去學習，因為除了宗教教義，修道院也傳授一些算術、拉丁文知識。

這類學校是當時中等教育的主流。一些想讓孩子從事神職的家庭或者經濟條件不優裕的人家，一般都把孩子送進教會學校讀書。既然是教會控制的學校，其教學宗旨和課程設置，自然就以宗教內容為主了。

宗教神學是學校的主課。與宗教課程並列的是被宗教推崇的亞里斯多德的著作。此外，受文藝復興運動的影響，在宗教學校中也出現了一些具有人文科學精神的教學內容，如哲學、數學和天文學等。

文森西奧的這個計劃當時看來是十分正確和成功的，因為這個聰明伶俐的孩子很快就贏得了神父們的喜愛。伽利略的記憶力特別好，思維十分敏捷，真是一個能舉一反三的好孩子。而且，平時好動的伽利略居然對教授的課程十分感興趣，他每天全力以赴地學習，這一點，讓所有的神父都感到特別吃驚。

文森西奧對自己的這個決定感到十分滿意，他曾驕傲地對茱莉亞·阿曼娜蒂說：「我們的兒子真是讓人高興，神父們對我說，他是他們教過的所有學生中最好的一名學生。他不但聰明機靈，而且謙虛、安分，他『兩耳不聞窗外事，一心只讀聖賢書』，再也不像以前那樣提出各種各樣的奇怪問題了。你看，我做得是不是很明智？」

茱莉亞·阿曼娜蒂不屑一顧地說：「你可別高興得太早了。我可沒覺得在那兒學習對我們的兒子有什麼好處，你看，我們曾經可愛的兒子，現在他的變化太大了，變得太快了。你看他現在，整天死氣沉沉、老氣橫秋的，我寧願看到他以前那副活潑可愛的樣子。」

文森西奧卻說道：「你的這種擔心是沒有必要的，知道嗎？親愛的，他在那裡受到了教育，他長大了，變得懂事了。」

母親說的是對的。伽利略確實是徹頭徹尾地變了一個人。他

不再有好奇心了，原來腦子裡的各種各樣的問題也都煙消雲散了，他只是在全心全力地學習著那些經典書籍中的知識，他的好奇心已經被這些古已有之的教條給淹沒了，剩下的只是百分之百的虔誠和百分之百的投入。

有一天，他感激地對神父說：「我覺得我能生活在印刷術發明的今天，實在是太幸運了。我可以有這麼多好書去讀、去研究，這是古人無緣享受的福氣。神父，我要傾注我畢生的精力去學習和研究它們。那樣，我將可以獲得萬事萬物的真理。」

伽利略對這種讀書生活著迷極了，他決心要做一名修道士，他想在瓦隆布羅薩安靜的圖書館裡度過自己的一生。他不再對修道院以外的任何事情感興趣。

除了讀書，伽利略會在空閒時間到修道院裡種植松樹、胡桃樹，會到空氣芬芳的園地裡去散步。正像那些樹木一樣，伽利略生活在與喧囂完全隔絕的地方。

在學校開設的課程中，伽利略最喜歡的是數學，其次是亞里斯多德的著作。他對哲學也有興趣，但是，對於宗教教義卻非常反感。

對於亞里斯多德的科學思想和邏輯哲學，伽利略很願意學習。而對於他的抽象思辨和試圖包容一切的體系以及宗教對他的思想的神化，伽利略則表示出強烈的不滿。

除了那些宗教信條和《聖經》故事外，每天要進教堂做祈禱也讓伽利略不能忍受。在他的心裡，追求知識是第一位的。

花費大量時間向上帝祈禱，能夠獲得什麼知識呢？儘管對學

校的規矩和教程不滿意，可是，一個十幾歲的孩子，不敢公開反對。

　　神學課他不得不上，教堂也不能不去。但是，在上神學課和上教堂做祈禱時，伽利略只是消極應付，還常常想別的事情。

　　而在上數學、哲學課以及老師講解亞里斯多德的著作時，他卻非常專心，一邊聽，一邊作記錄，對於不懂的問題，課下還向老師提問。

短暫的中學時代

　　伽利略在聖母瑪利亞像前潛心學習。學習的課程有《聖經》，以及亞里斯多德的《物理學》、《天論》、《氣象學》、《倫理學》、《邏輯學》等。

　　伽利略在家中只是由父親進行過啟蒙教育，學習的東西比較少。進入修道院後，接觸到亞里斯多德的多項學科知識，感到非常有趣。

　　中學時代的伽利略是聰明和善於思考的，但是，教會學校需要的不是學生的思考，而是對宗教神學的忠誠與信任。伽利略不崇拜任何權威，只對探求真理感興趣。這種傾向使學校的老師很不喜歡他，把他看作有反叛意識的學生。

　　隨著學習科學知識的興趣日漸濃厚，伽利略對學校越來越反感。過了一段時間，文森西奧最後一次到修道院去看望伽利略，讓他大吃一驚，伽利略的個頭已經超過了自己。

　　但是，伽利略越來越明顯的變化讓文森西奧也著實吃了一驚。他真是沒有想到，修道院會把活潑、聰明、執拗的兒子變成那副樣子。

　　伽利略整天沉浸在神學經典當中，他好像看破了紅塵，於是把自己牢牢地封鎖在修道院的高牆之內，他整天就是禱告、唸經，還有聆聽鐘樓低沉的鐘聲。

　　伽利略幾乎變成了「傻子」，過去活潑聰明的樣子沒有了，

這回可把文森西奧嚇壞了。他可不指望兒子在修道院裡度過一生，做一個一輩子低頭哈腰、整天口中唸唸有詞的修道士。

文森西奧有他的如意算盤。他認為像伽利略這樣聰明過人、才華橫溢的年輕人，以後一定會大有作為的。

如果伽利略進入上流社會，那麼，他就可以重振家風，可以加官晉爵，可以光宗耀祖了。

退一步想，就算兒子沒有能夠做到這些，至少，憑他的才華，可以掙上一筆錢，以後讓他、他的一家人享受榮華富貴。

那樣，女兒的嫁妝就有了著落；那樣，小兒子學習音樂的費用也不用發愁了。

小兒子也是他的一個希望。因為他從小就表現出了非凡的音樂才能，最近，他發現小兒子的音樂才能甚至超過了自己。因此，文森西奧決定讓小兒子學習音樂，如果學有所成的話，說不定會成為宮廷的首席樂師。

可是，學習音樂是需要很大一筆費用的，到哪裡去籌這筆錢？他把這個希望寄託在了伽利略的身上。

可是，如果讓伽利略一直沉浸在神學經典裡，讓他從此棄絕塵世的一切親情、一切追求，那麼，他所有的計劃就全都化為泡影了。文森西奧知道自己必須採取一些行動來「拯救」伽利略。

文森西奧希望伽利略能夠更好地修煉自己的性情，學會謹慎小心地做人、做事，改一改他的執拗性格。可是，他又會時常跟伽利略談起他對於家庭的責任，以免他把世俗事物忘得一乾二淨。

文森西奧不願意讓伽利略長大之後成為一名神父，因此，在

離開宗教學校這一點上，父子倆不謀而合。

中學二年級快要結束時，伽利略得了眼病，不能正常看書，需要回家治療和靜養。父親便把兒子接回家中。就這樣，伽利略又回到了佛羅倫斯。

伽利略離開中學後，在家自學了幾個月。他是個善於學習、肯鑽研的少年，所以，在家養病也不閒著。只要眼睛能夠看見東西，他就讀書或者做實驗。

當時，文化發達的佛羅倫斯已經有了圖書館。父親為他辦理了借書證。伽利略利用這個便利條件，經常到圖書館尋找自己喜歡的書。

文森西奧看著伽利略的眼睛漸漸好了起來，嚴肅地對伽利略說：「我不允許你用一生的時間去當個修道士，但是也不能一直待在家裡面無所事事。」

伽利略問道：「可是，父親，您不准我去當修道士，那我還能做什麼呢？」

文森西奧淡淡地說道：「至於這個，我都已經替你安排好了。你已經 17 歲了，也已經接受了初級教育，下一步，我想讓你繼續去深造。」

伽利略疑惑地問：「父親，你不准我學習神學，那我還能深造什麼呢？」

文森西奧充滿期望地說道：「孩子，你可知道我給你取了『伽利略』這個名字，這裡面有我多少期望。同時，我相信這個名字也能帶給你一個美好的、光明的前程。」頓了一下，他又接著說道：「我打算讓你去學醫。」

當醫生？伽利略從來沒想過。

過去，他曾經想當一個像達文西那樣的畫家，因為達文西的藝術作品不僅能像鏡子似的反映事物，而且還以思考指導創作，從自然界中觀察和選擇美的部分加以表現。

達文西的著名壁畫《最後的晚餐》、《安吉亞里戰役》和肖像畫《蒙娜麗莎》是世界藝術寶庫珍品中的珍品，是歐洲藝術的拱頂之石，它曾經使伽利略仰慕不已。

伽利略還想當一個像哥白尼那樣的天文學家。哥白尼論述的地球繞其軸心運轉、月亮繞著地球運轉、地球和其他所有行星都繞太陽運轉的理論讓伽利略十分著迷。他曾經非常想進入這樣一個世界。

而進了修道院以後，他又很想當一個修道士。現在父親要讓他去當一個醫生，他不知道當醫生有什麼好處，也不知道怎樣去當好醫生。

他想了一會兒說：「父親，可是，學習醫學要很大一筆錢的啊。」

文森西奧馬上舉起手，對著伽利略搖了搖：「這個你不用擔心，我都已經替你準備得差不多了，你只管去學醫吧！」

「到哪裡去學呀？」伽利略又問道。

「我們老家比薩城的比薩大學。下個月就去。學成後，你會名利雙收的，孩子。」文森西奧深情地說道。

伽利略深受感動，不知道該說什麼才好。他知道家裡拿出這筆錢來是很不容易的。父親為了這個家能夠重新振興起來，不知

付出了多少心血。

　　雖然學醫這個決定對於伽利略來說有點太意外了，可是，他看到父親爬滿了皺紋的額頭和如雪的白髮，最後的一點點反對意見也被收藏起來了。

上大學開始學醫

伽利略的父親早就發現兒子的天資很高，決定讓他上大學。伽利略本人也對學習充滿興趣，很願意上大學。當時佛羅倫斯沒有合適的大學，父親就讓伽利略報考家鄉的比薩大學。這個只讀了幾年中學的孩子，回到比薩參加了大學入學考試，結果很順利地被錄取了。

1581 年秋天，伽利略要進大學讀書了，可是，家裡拿不出供他讀大學的學費，在親戚、朋友們的幫助下，才湊夠了入學的費用。在專業選擇上，父親為伽利略選擇了醫學，因為當時當醫生收入較高。

比薩大學為著名的義大利國立大學，也是義大利最古老的學府之一。比薩大學的歷史最早可以追溯到 1281 年。

比薩大學是由佛羅倫斯的富商羅倫佐·德·麥地奇創辦的，設有文、理、醫科等學院，坐落在比薩城郊。那裡風景秀美、環境宜人，是一個讀書求知的好地方。

比薩大學在當時是保守傾向較明顯的學校，為學生開設的課程還保留著古老的傳統，宗教、民法和醫學是主要科目。受文藝復興運動的影響，學校增設了哲學、數學、修辭學、天文學等科目。

伽利略對主修課都不喜歡，宗教課是他最反感的，民法也讓他犯困，而父親讓他學習的醫學更無法引起他的興趣。主要原因

是，當時的教材和教學方法都缺乏科學性和必要的實驗，而且許多醫學理論不是錯誤的就是帶有很嚴重的迷信色彩。

第一課是學習西元前的醫學家希波克拉底的四液體學說。

希波克拉底的「四液體學說」認為，人的身體內有四種液體，即血液、黏液、膽汁液和他認為可以使人產生憂鬱的一種液體。

人的身體要想健康，就要這四種液體分配得當。否則，就會引起各種各樣的疾病。他的理論還認為，人的性情之所以有差異，就是因為這四種液體在體內處於不同的平衡之中。

既然這四種液體決定了人的健康狀況，那麼一旦人生了病，就要理所當然地按照四種液體比例失調的理論來指導治療的方法。

課堂上教授振振有詞地說道：「這樣，古代的大醫學家希波克拉底就找到了人會得病的原因，就是體內四種液體失調。醫生就可以按照這一理論去探索治療疾病的方法。例如人高燒不退，這是體內的血液過多，怎麼治療呢？要放血，把多餘的血放出去，病就好了。再如人的胃腸腫脹，就是膽汁過剩，怎麼治呢？用拉肚子的方法就可以，把多餘的膽汁瀉出去，胃腸腫脹就會消失。」

在這些方法中，最被推崇的就是「放血」了，這一招幾乎是每病必用的。所幸的是，這一招並不是任何人在任何時候都可以用的。

多虧了有這麼一點點的約束，否則，這一招被醫生們看來是

「殺手鐧」的東西，不知道要害死多少人。庸醫「殺人」的慘況，連統治者都有些看不過去了。

英國的國王亨利八世曾經怒氣衝衝地頒布過一項法令，法令上說：「許多無知之徒，他們大都不懂醫學，也不懂任何別的學問，有些人甚至目不識丁，但人們卻都無畏地、習以為常地接受他們的種種怪異的治療。對此，上帝深感震怒，醫學界亦蒙受奇恥大辱。而國王的子民也廣受悲慘的傷害和摧殘。」

這項法令，從一個側面反映了當時醫學的落後狀況。在醫學界，到處泛濫著迷信、神祕主義和虛假的理論。可是，就是這樣一些東西被奉為金科玉律。誰也不允許去懷疑它，否則，就會被認為是大逆不道、罪該萬死。

伽利略聽著教授的講課，突然想起前幾天和父親一起在佛羅倫斯大劇院看的一齣喜劇。演的是一個庸醫用放血療法治療疾病的故事，諷刺庸醫的可笑與愚昧。伽利略想，希波克拉底的四液體學說，好像就是劇中諷刺的害人的庸醫學說。這樣的學說為什麼教授還在大學裡講授？

想到這裡，伽利略乘教授講完一節之後，提出問題：「教授閣下，您剛才講的四液體學說，有人說它是庸醫的學說，對不對？」

教授立即停止了講課，反問道：「誰說希波克拉底的四液體學說是庸醫學說？難道人人公認的古代大醫學家還有錯嗎？」

伽利略想了想，很有禮貌地回答：「是在一齣話劇裡演的，一個庸醫用四液體學說治病，害死了不少人，遭到了人們的唾

罵！」

教授氣得渾身顫抖，怒不可遏地說：「胡說八道！那是演話劇，不是現實生活。年輕人，你是不是有些太狂妄了，應當學會尊重前人、尊重老師！」

伽利略被教授批評了一番，感到很委屈。他認為話劇裡演得很真實，而且如果什麼病都用放血這種方法來治療的話，那麼人身體的血液豈不是會被大量地放掉，人體缺血，也是很危險的。伽利略感覺自己的提問沒有錯，教授這樣嚴厲的斥責，使他感到很傷心。

過了幾天，又上解剖學課。

進入課堂後，看到講桌旁的大桌子上擺放著人的屍體。老師講人體的血管和肌肉，只是照著書本講解，讓助手把屍體抬起來讓學生們看一下。可是人體上肢下肢裡面的血管、肌肉是什麼樣是看不見的。

伽利略很想親自用解剖刀去切開肢體，看一看裡面的奧祕。於是在課後，他向老師提出解剖屍體的想法。老師說：「每個人的身體都是上帝賜予的，是神聖不可侵犯的，怎麼能用刀切開呢？」

伽利略認為，解剖是實實在在的實驗課，如果僅僅簡單地背誦名詞就能了解人體的話，那說明人體結構太簡單了。

伽利略公開說：「如果我們只是坐在課堂上聽老師用嘴巴講解剖，而不接觸實際，我們將來怎麼給人看病？難道動動嘴就能把病人治好嗎？」

伽利略的議論被一些學生密報給老師。教授們對伽利略有了不好的看法，多次在課堂上對他提出責難。面對學校的壓力，伽利略對醫學更加反感。

由此，伽利略對解剖學的學習興趣大減。每當上這門課，就感到枯燥乏味、疲勞睏倦。

大學開的一些課程有的內容陳舊，有的還有迷信、虛假的成分，最令伽利略頭痛的是，有的老師上課照本宣科，使學生聽得味同嚼蠟，還不准提出疑問。

伽利略日復一日地受著煎熬，他的那種注重實踐的精神讓他再也忍受不了老師的紙上談兵了。有一天，老師還是一如既往地照本宣科，使學生聽得味同嚼蠟。伽利略氣憤地站起來，問道：「老師，您怎麼證明您剛才說的理論？」

多年如一日的教學，老師早就已經把習慣當成必然了。突然從座位上站起來的伽利略，真是給了老師一個不小的意外。老師有些驚慌地說道：「這，這個難道還有問題嗎？書上寫得清清楚楚，而且，亞里斯多德也曾經說過。」

伽利略見老師如此回答他的問題，想如果你連推理的條件都找錯了，你怎麼可能得出正確的答案呢？於是，伽利略慢條斯理地說：「老師，您剛才說您講的都是正確的。您說它正確是因為亞里斯多德說他正確，可是，老師，萬一亞里斯多德說錯了呢？」

伽利略的一席話，讓整個教室一下子變得鴉雀無聲。伽利略自己也被同學們的反應嚇了一跳。他有些驚詫地向四下望去，所

有的同學都帶著陌生、驚異的眼光看著他，而講台上的教授，已經氣得說不出話來了，臉憋得有些發紫。他定定地看著伽利略，大聲地斥責道：「伽利略，你不要好高騖遠、妄自尊大。你要先學會尊重前人，學會尊重老師！否則，請你離開這個教室。」

伽利略感到委屈，他只不過是說了一句淺顯的道理，老師怎麼會如此雷霆大怒？亞里斯多德是偉大的，這一點，伽利略也心悅誠服。

可是，亞里斯多德也不是全知全能的神，為什麼亞里斯多德就不能犯錯誤呢？如果亞里斯多德和希波克拉底的話都是正確的，那麼，人們為什麼還要請上帝來指點迷津呢？

發現擺的等時性

在比薩大學學習不到半年時間，伽利略就對學習醫學失去了興趣。他很想轉學別的專業，但一想到父親的期望，就沒有勇氣提出來。

伽利略只好耐著性子繼續聽課。碰到上醫學理論課或解剖學課，他只好在下面偷偷地閱讀其他書籍。

與此相反，伽利略對於大學開設的非主要課程，如數學、哲學、修辭學、天文學等，興趣卻非常濃厚。他把研究哲學當成一種精神享受，而把數學看作真正的學問，在學習天文學時，他總是試圖用數學方法去計算天體的運行規律。

伽利略雖然在比薩大學的課堂裡出現著，可是，他的腦子裡想的都是讓他感興趣的問題。

1583 年，一個星期天的中午，伽利略吃完午飯，走出比薩大學的校門，在街上散步。

伽利略成為醫科大學生已經一年多了，他的心情始終不好，整天悶悶不樂。課餘時間，他常常走出學校，到城內各處散散心。

離比薩大學不遠，有一幢白色大理石建築是比薩大教堂。教堂有四層樓高，樓上有一尖形塔樓。教堂內裝飾華美、莊重，充滿神祕的宗教氣氛。

　　比薩大教堂是比薩藝術的最高傑作，從 1068 年開始花了 50 年才建成。教堂的正面有四層圓柱裝飾，正面和入口處大門上的羅馬風格的雕像非常精美。

　　伽利略信步走進教堂，正趕上教徒做禮拜散場，人們魚貫走出大廳。霎時，大廳裡只剩下伽利略一個人。他坐在大廳正中，望著天花板的一盞吊燈出神。

　　這時，大廳外突然吹進一陣涼風，將開著的窗戶吹得裡外擺動，同時也吹得大吊燈左右搖擺。

　　伽利略定定地看著那盞燈，它有多麼悠閒啊！伽利略長時間地看著，看著，他突然覺得這盞燈好怪啊！到底怪在哪兒呢？

　　伽利略被這盞燈吸引了全部的注意力，他開始認真觀察這盞燈的擺動。突然，一束光亮射進了他的腦子裡。這盞燈的擺動幅度雖然在慢慢變小，可是，它每次往返的時間都是一樣的。怎麼會這樣呢？伽利略陷入了深深的思考。

　　伽利略想，怎樣才能作一個精確一些的證明呢？他想到了達文西，在他看過的一本書上達文西說，血液好比是山川江河裡的流水，從海裡上升到空中而變成雲，雲散到大陸上又變成雨，下落到山川河流中又返回大海。如此反覆，循環不已，形成了有規律的運動。

　　伽利略想到了，人體的血液也是在血管裡生生不息地運動著，很有規律地撞擊著血管壁，每當他頭痛的時候，他都會感覺到太陽穴有規律地跳動。可以用血管的脈動來做一個證明。

　　伽利略突然想了起來，在學習中曾經有過，用人的脈搏可以測量時間，想到這兒，伽利略伸出自己的右手，按著左手的手

腕，他一邊數著脈搏的跳動，一邊盯著擺動的吊燈。

他的猜想被證明了，果真不錯，吊燈每次擺動的時間都是相同的，這說明亞里斯多德一定是錯了。

可是，向亞里斯多德發起挑戰是需要勇氣的，要比德國傳教士馬丁·路德攻擊天主教時的勇氣還大。他決心進一步透過做實驗來證明自己的觀點。

伽利略抑制不住興奮，幾天來的鬱悶一掃而光，他立刻跑到了學校的宿舍，找來兩根繩子，截成一般長，又找來兩個重量不相同的球，繫在繩子一端。然後分別將兩根繩子繫在棚頂上。

一切都已經準備就緒了。

他的兩隻手分別拿著兩個球，他把其中一個抬到很高的位置，而另外一個，則只把它抬到了一半的高度。這時，他同時放手了。

伽利略屏息凝視，他仔細觀察著小球的擺動，兩個小球一會兒向左，一會兒向右，擺個不停。慢慢地，它們越擺幅度越小，直到最後停止了，幾乎是在同一時間停止。

伽利略反覆做了好多次這個實驗，結果都是一樣的。伽利略的想法被自己證實了，他高興極了，躺在床上，用顫抖的手指揩拭著額頭上的汗珠。

伽利略太興奮了，他努力抑制著自己的激動。忽然，他又從床上跳起來，走到桌子前，想像著不久的將來，他要在全校師生的面前發表自己的見解，他的已經被實驗證明了的見解。

伽利略興奮地將自己的觀點告訴他的同學，他說：「我最近透過自己的實驗發現了亞里斯多德的一個錯誤。他說，兩個不同

重量的物體，如果同時下落的話，那麼重的物體下落的時間會短、速度會快。」

「可是，這裡有兩個不同重量的鐵球，我把它們分別掛起來，讓它們同時擺動，就像我們常常在教堂裡看到的吊燈一樣。在它們擺動起來的時候，就會有下落的趨勢。那麼，如果亞里斯多德說得是對的，則重的球就應該先停止運動。可是，現在這兩個球是在同一時間停止的。」

同學對他的實驗也都感到很驚訝，但是最後還是迷惑地說道：「你說的似乎是有道理的，但是我對亞里斯多德是沒有絲毫懷疑的，你做的擺動實驗能夠證明什麼原理呢？有什麼用處？我也說不清楚。不過，你如果告訴老師和其他同學這些事情的話，只會遭到他們的批評和白眼。」

同學的話，雖然說得伽利略有些灰心，但是他依舊積極地投入到了數學和哲學的學習當中。

伽利略在自由的研究空間裡，弄明白了「擺的等時性」原理，即擺動的週期與擺的長度的平方根成正比，卻與擺的重量無關。這個善於鑽研的青年，從現象追蹤到了事物的本質，找到了擺動的原理。

一天，伽利略到大學的醫務室去看病，醫生幫他診脈，說他的脈跳得很快。但是，因為那時沒有鐘錶，數脈搏只能靠估計，一點兒也不準確。

伽利略在看病的過程中，突然想到，用擺動的特性來當鐘錶，豈不是可以用它來做測量脈搏的儀器？

擺動特性的發現，依舊大大刺激了伽利略潛伏多時的創造力。他的生命力完全爆發了出來，他的腦子迅速地運轉著。他很快發現，如果拴鐵球的鏈子的長度不同，或者說擺長不同，他便可以得到不同的擺週期。

　　這個時候，他聯想到，如果他用這種特性來當鐘錶，不就可以作為測量脈搏的儀器了嗎？

　　伽利略把他的想法告訴了一名同學：「你知道，現在醫生測量脈搏是不準確的，純靠估計，如果醫生有了我的這種儀器，就可以準確地測量出脈搏跳動的次數了。」伽利略興致勃勃地說。

　　他的同學似乎也受到了啟發：「是啊！你說得很對，那你的發明一定會很受歡迎的。而且，如果你把它賣出去，那你就可以得到一大筆錢了。」

　　伽利略興奮地說道：「如果真有人買我的發明，那我就可以用這筆錢幫父親還帳了，而且還可以給自己買一雙新鞋。」

　　伽利略說著，眼睛落到了他的那雙鞋上，那是一雙已經露了好幾個洞的鞋，伽利略已經穿了好幾年了。

　　「這雙鞋該換換了，老是往裡面進沙土。」伽利略不好意思地說著。

　　「你可以先試一試呀！」同學鼓勵伽利略。

　　伽利略從校園和比薩城街道上撿來木板、鐵塊、銅絲、釘子等廢舊物資。他白天上課，晚上次到宿舍裡，用這些東西製造脈搏計時儀。經過許多天的製作和修改，脈搏計數儀終於成功了。

　　這天晚上，在學生宿舍裡，伽利略叫來了好幾個同學。他拿

出一個長方形木盒，立在桌子上。盒子裡面有幾根鐵絲，下面吊著一個鐘擺樣的裝置。

伽利略對大家說：「你把這根繩子繞在儀器的頂端，把鐵片固定在繩子的下端，讓它擺動。如果你要繩子短些，就把繩子繞緊，要想讓繩子長些就把它放鬆。」

伽利略用這個裝置一個一個給宿舍裡的同學們檢測脈搏，結果都很準確。

「這是一項很重要的發明，我們應當把這個儀器送到醫務室去，讓醫生們試一試，看看對診斷疾病有沒有用處。」有同學驚詫而又興奮地說道。

在同學的鼓動下，伽利略將脈搏計時儀捧到大學醫務室。醫生們反覆測試以後，認為它是檢測脈搏的好儀器，準備在診斷疾病中使用。

過了一段時間，伽利略用一根細的輕金屬條做了個新擺，把一塊小鐵片固定在它的末端。

伽利略讓鐵片能沿著金屬條往上移動，鐵片能固定在金屬條的任何部位。鐵片處在金屬條的底部時，金屬條就擺動得慢，鐵片的位置高一點，金屬條就擺動得快些，鐵片處在金屬條的頂端時，擺速就會更快。

然後他把一塊大鐵片固定在一根繩子上，繩子繞在一個輪子上，鐵片將繩子往下拉，就能轉動輪子。

伽利略對他的同學解釋說：「這個輪子有齒，它有特殊的用途。這個擺有個小舌簧，舌簧扣在輪子的齒上。輪子轉動時，就

會把舌簧彈出去，振擺就會擺向一邊，就像這樣。」

伽利略一邊向同學表演，一邊說：「當振擺擺回來時，舌簧就會扣在第二個齒輪上，然後輪子又會把舌簧彈出去。舌簧會一個挨一個地扣在每個輪齒上，而每個輪齒都會把舌簧彈出去。這樣，輪子就會慢慢地轉動。」

在比薩大學，一位學醫的學生髮明了脈搏計時儀的消息不脛而走，不少學生到醫學院宿舍向伽利略表示祝賀。

過了不久，脈搏計時儀就成了比薩城一帶醫生們常用的醫療診斷設備。但伽利略因為忙於學習，並沒有製成大批儀器出售，也沒有賺到一分錢。

30 年後的 1672 年，荷蘭科學家惠更斯利用伽利略的「擺的等時性」原理研製成功機械計時鐘。從此，人類有了比較準確的記載時間的鐘錶，可以按時間去做任何事情。這是惠更斯對人類的最大貢獻。追本溯源，這功勞首先應當歸伽利略。

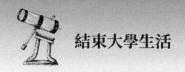

結束大學生活

伽利略進入比薩大學學習醫學已經一年多了，他還是硬著頭皮去聽課。課桌上擺著醫學書籍，他卻在下面讀阿基米德或歐幾里得的著作，就這樣抓緊一切時間偷偷地獲取他喜歡的知識。

喜歡獨立思考、善於鑽研問題的伽利略，對於他所喜歡的亞里斯多德學說，越學習越覺得有問題，特別是對教授所說的「所有的科學問題都已經最終被亞里斯多德解決了」的結論，更是表示出極大的懷疑。

學校規定，如果學生和老師敢於提出新奇的設想反對傳統學問，任何教授都有責任用亞里斯多德的論點予以批駁。

然而，伽利略不聽這一套。他認為，亞里斯多德未必都正確。亞里斯多德認識的世界是有限的，怎麼可能解決所有的問題呢？如果亞里斯多德把所有科學和哲學問題都解決了，那麼，後人的頭腦又有什麼用呢？他決心用數學和實驗的方法發現新問題、提出新觀點。

在伽利略受到吊燈的啟發，進而發現擺的等時性之後，他自然而然就推翻了有關亞里斯多德的許多理論。

一天早晨，伽利略從宿舍出來，在去餐廳吃飯的路上，聽幾名同學說，在宮廷任職的數學家里奇要來校講課，今天上午在大禮堂講歐幾里得的幾何學。

於是，伽利略吃完早飯，早早來到大禮堂坐在最前排。很快

禮堂裡就坐滿了學生，後來的同學沒有座位的就在過道和走廊裡站著聽講。

里奇講的是歐氏幾何，也就是歐幾里得的《幾何原本》。講解了「平行公理」等內容。只見他在黑板上畫了幾條直線，然後講道：「平面上有一直線和兩直線相交，當同旁兩內角之和小於兩直角時，則兩直線在這一側充分延長一定相交，即在平面上，過直線外一點只能作一條和這條直線不相交的直線。」

少年時代，伽利略就曾跟著里奇學習數學，里奇將「平行公理」講得十分明白，這讓伽利略很感興趣。

《幾何原本》是古希臘數學家歐幾里得所著的一部數學著作，共 13 卷。這本著作是現代數學的基礎，在西方是僅次於《聖經》的流傳最廣的書籍。

在《幾何原本》裡，歐幾里得系統地總結了古代一般民眾和學者們在實踐和思考中獲得的幾何知識。

歐幾里得把人們公認的一些事實列成定義和公理，以形式邏輯的方法，用這些定義和公理來研究各種幾何圖形的性質，從而建立了一套從公理、定義出發，論證命題得到定理的幾何學論證方法，形成了一個嚴密的邏輯體系幾何學。而這本書，也就成了歐式幾何的奠基之作。

2000 多年來，《幾何原本》一直是學習幾何的主要教材。

以後每當里奇來校講課，伽利略必定前往認真聽講，而且總是早早地來到大禮堂坐在最前邊，一邊聽講一邊記筆記。有時遇到不明白的地方，還向里奇提問。

里奇從伽利略提出的問題中發現伽利略在數學方面確實有著很高的天賦，於是對他誇獎和鼓勵了一番。里奇的鼓勵和讚揚給了伽利略更大的信心，他決心從事數學研究。

讀大學期間，伽利略逐漸形成了良好的思維習慣，他從不忽略任何看起來似乎微不足道的現象，認為任何現象中都可能包含著未曾發現的問題。他喜愛實驗，善於從實驗過程中根據觀察概括和歸納問題。

在實驗研究中，伽利略表現出了非凡的創造力。他討厭運用抽象的哲學理論掩蓋實際問題的存在。他說：「自然現象不論是多麼細微，各方面看起來多麼不重要，都不應該被哲學家輕視，而應該同樣地看重它，探究它存在的根源。」

伽利略在大學的表現不能讓教授們滿意。他經常情不自禁地提出一些與傳統思維格格不入的觀點和問題，還把大量的時間用在學校反對的實驗研究中。

學校把伽利略在學校的表現和學校的意見寫信告訴了伽利略的父親，要求他警告自己的兒子，遵守學校的規矩，少發表一些奇談怪論，否則，有被開除的危險。

文森西奧聽說伽利略在學校不好好學習醫學，甚至不去聽課，跟著數學家里奇學習歐幾里得的幾何學，很是生氣。

在一個週末，伽利略回到了家裡，文森西奧將伽利略叫到一旁說道：「聽說你不願學習醫學，是嗎？」

「是的，父親。」伽利略坦率地回答。他知道父親的專橫，於是趕忙又接著說道：「你知道托斯卡納的宮廷老師里奇吧！他前兩天來我們學校作了演講，我很喜歡他的演講。他可真是一個博

學的人啊！我向他提了一些問題，他對我的問題很感興趣，並且誇我提的問題很有水平。」

「你不想學醫學，難道想學數學嗎？你們學校根本就沒有這門課程。」文森西奧大聲地向伽利略質問著。

伽利略看到父親非常氣憤，知道一場暴風雨又要來了，但他還是堅持自己的觀點，小聲地說道：「是的，父親，我想學數學，不想學醫。」

伽利略的話還沒有說完，文森西奧已經氣惱地叫道：「你居然不想學醫了，那你這麼多的時間不是都浪費了嗎？那你的學費也不都付諸東流了嗎？」

伽利略知道自己的學費是父親好不容易才湊齊的，這個時候聽父親說起來，心中也是一陣矛盾，不由得低下了頭。

文森西奧見伽利略低著頭不說話，繼續說道：「我曾告訴過你，你是家裡的長子，肩上的擔子很重，就算我和你母親不指望你，你還要為你的兩個妹妹每人準備一份像樣的嫁妝，還要供你弟弟米蓋上學吧！想一想，你的擔子有多重？」

「父親，你說的這些我都知道，可是……」伽利略抬起頭，卻一時不知道該說什麼好。

文森西奧繼續說道：「你知道就好了。伽利略，我在你身上寄予了太多的希望。我沒有讓你在家裡幫我忙生意，我給了你連我自己都沒有機會去接受的最好的教育。可是，你居然想去學數學。」

父親又把他的那一套理論搬出來了，伽利略陷入理想和責任的矛盾中。他體會著父親的苦衷，他覺得在父親的期望和自己的

責任面前，自己的那一點理由顯得那麼蒼白無力。是啊！一個人生活在世界上，怎麼可以光為自己考慮呢？怎麼可以為了自己的興趣和愛好而不顧一切呢？

文森西奧要求伽利略多花些功夫學習醫學知識，以便將來成為一個好醫生。

伽利略只好保證，以後儘量少地學習數學。但是他對醫學課還是絲毫不感興趣，沒辦法，就只好偷偷地自學數學和哲學的一些課程。

一次在一個朋友的晚宴上，文森西奧碰到了里奇。

兩人相遇，里奇將伽利略誇讚一番，並且告訴文森西奧希望伽利略能夠跟他一起學習數學。因為，他發現伽利略在數學和哲學方面很有天賦。

但是，里奇的建議遭到了文森西奧的堅決反對，並且他還向里奇問道：「學校裡開數學課嗎？數學學習結束後，有人聘用嗎？能夠賺到錢養家餬口嗎？」

文森西奧讓里奇見到伽利略後勸一勸伽利略，一定要讓伽利略認真學醫，將來要替他擔起這副家庭的重擔。

里奇雖然暗嘆可惜，但也只好答應了文森西奧的要求。

里奇教授在一次講課中遇見了伽利略，按照老朋友文森西奧的要求規勸了他一番，結果不但沒起任何作用，反而使伽利略更加堅定了不學醫學的決心。文森西奧得知此事後，氣得暴跳如雷、連聲大罵：「不聽話的混帳東西。不願學醫，我還給你拿什麼冤枉學費！」

很快，文森西奧拒絕支持伽利略在比薩大學的學習，斷絕了他的一切生活來源。1584 年，伽利略在比薩大學學習 3 年之後，便退學回到佛羅倫斯家中。

頑強地堅持學習

　　伽利略離開比薩大學，心情是矛盾的。他以後不用再看老師們的臉色和同學們的冷嘲熱諷了，他也不必勉強自己再去上那些枯燥乏味的課，不必沿著這條自己並不感興趣的路走下去，而且以後進入一個他並不喜歡的行業了。

　　然而，他沒有把歐幾里得和阿基米德等數學著作讀完，也感到很掃興。好在當他離開比薩大學時，已經發現了單擺的等時性原理，還發明了脈搏計時儀，這對他來說，是最大的安慰。特別是想到回到家中有了充裕的時間，可以仔細、認真地把歐幾里得和阿基米德的著作讀完，這使他感到好像是從牢籠裡解脫出來，立刻呼吸到自由新鮮的空氣。

　　1584 年，伽利略沒有拿到大學文憑，就從比薩回到了佛羅倫斯的家中。他幫著父親照看鋪子，打下手。閒暇時，他就會拿出他喜歡的書，繼續思索單擺的奧祕。

　　文森西奧想求校方給伽利略發一張文憑，以便日後當醫生，可是，比薩大學拒絕了他的要求。文森西奧很失望，而伽利略則無所謂。他正好不願意當醫生。

　　伽利略也不喜歡做生意，站在鋪子裡，只是他為這個家庭出一份力，為父母減輕一份負擔。所以，鋪子裡的他，表現得當然不會令人滿意。

　　伽利略的心裡仍舊被歐幾里得的數學占據著，不可能全身心

地經營商店。沒有顧客時，拿起歐幾里得的書就忘記了一切。有時還伏在櫃檯上亂畫一氣，嘴中唸唸有詞。

看到伽利略總是一副若有所思的樣子，文森西奧和茉莉亞‧阿曼娜蒂就氣從心來，他們覺得這個兒子一點責任心都沒有，又不勤快，每天走火入魔般陷入深思，口中還唸唸有詞，在紙上胡抹亂畫著。

可是，兒子畢竟已經 20 歲的人了，不能天天像小孩子那樣張口就把他罵一頓，於是，他們給伽利略一些暗示，希望他能慢慢認識到這一點，可是，收效並不大。

文森西奧氣憤地大聲訓斥道：「既然不願意學醫，就當我的學費都打水漂了。可是，你如今 20 歲的人了，總該有個職業了吧！如果學會做生意了也挺好的，今後這個店鋪不也還是你的嗎？可是，你看看你現在的這個樣子是在經營商店嗎？照這樣下去，我們的東西不賠光才怪呢！」

但是，關店門以後，伽利略躲在房間的角落裡，仍舊是看書，偶爾往紙上寫些什麼東西。家裡人睡覺以後，他拿一盞小油燈到廚房去還是看書。伽利略自學數學，簡直到了痴迷的程度。

有一天，伽利略又在專心致志地看書，這時，母親走了過來，一把奪過他手中的書，說道：「整天就知道看書，看這些東西有什麼用呢！你看你，是家裡的老大，可哪裡有老大的樣子，你看你的妹妹們每天還不是幫我們提水、劈柴，你做大哥的更應該給他們做個榜樣。」

聽到這些批評，伽利略立刻放下書本走向正在井邊提水的妹妹們。

「來，讓我來吧！」伽利略拉開了弟弟妹妹。看到滿身是汗的弟弟妹妹們，伽利略不由得意識到，為這個家，他做得太少了。他提著兩桶水回到屋子裡。

父親看著伽利略把水放到廚房，將伽利略叫了過去，說道：「現在，你既然退了學，就應該在家裡好好學著做生意，你是家裡的長子，今後這一大家子都要靠你。」

「你不要瞧不起做生意的商人，當年，父親也是瞧不起這些商人的，但是父親瞧不起的是那些唯利是圖的商人。但是你看現在的麥地奇家族，不就是透過做生意成為人人敬仰的大人物的嗎！在他們身邊，如眾星捧月一般圍繞著多少藝術家和學者，麥地奇家族就是他們的衣食父母啊！」

伽利略對於父親的這種教誨已經習慣了，站在一旁靜靜地聽著。

父親繼續說道：「伽利略，我希望你能成為你弟弟的榜樣，他極有音樂天賦，我希望他在這方面有所發展，所以，他的前途有一半是在你的肩膀上的，你知道嗎？可是你什麼都做不好，醫學不想學了，半途而廢，生意你也不用心做，你這個樣子讓我很擔心，你到底想幹什麼？我以後可怎麼指望你來幫我養老？」

對父母的訓斥和責怪，伽利略都不作聲，仍舊堅持自學。手頭的幾本書學完後，他趁出去進貨的機會，跑到里奇教授那裡換回幾本新書，或者去請教一些問題。

文森西奧經常看著伽利略搖頭嘆息，他真拿這個兒子沒有辦法了，該說的都說了，都說過不知多少遍了，可是，他還是一點

起色都沒有，這個兒子真是太讓他頭痛了。

一天，里奇來看伽利略父子。他看見伽利略悶悶不樂的樣子，就鼓勵他說：「對科學的追求是人類最高尚的事業。你既然熱愛科學，就應該為之努力。」又對伽利略的父親說：「你兒子是了不起的天才，希望不要埋沒他的天資。我們的社會並不缺少店員，卻缺少科學家。」

里奇的話對父子倆都是個極大的鼓舞。它使父親不再干預兒子的學習和實驗，使伽利略看到了前途和希望，從而幫助他解脫了苦悶。

沒有拿到大學畢業證的伽利略，在里奇的鼓勵下，又開始了對科學知識的研究和實驗。在自學中，伽利略自發地總結出自己的學習方法。

他意識到，人的理解力可以表現為兩種形態：一種是深入理解，把前人總結出來的科學道理推進一步；另一種是廣泛理解，把人們已經了解的理論推向更廣的範圍。

伽利略發現，自己更喜歡前一種方式，也就是透過實驗，把科學理論推向深入。這個身在店鋪為自己的生存而工作的年輕人，心裡卻裝著科學。在科學的學習與探討中，他逐漸從涉獵廣泛的學科，逐步集中到研究物理學、天文學、實驗科學等學科。

有一段時間，伽利略在讀一本古希臘科學家阿基米德的關於《浮體原理》的書，內容十分有趣，他讀起來一刻都不肯放下。

西元前 287 年，阿基米德誕生於西西里島。他出身貴族，與敘拉古的赫農王有親戚關係，家裡十分富有。

阿基米德的父親是天文學家兼數學家，知識淵博，為人謙遜。他 11 歲時，借助與王室的關係，被送到古希臘文化中心亞歷山大里亞城去學習。

亞歷山大位於尼羅河口，是當時文化貿易的中心之一。這裡有雄偉的博物館、圖書館，而且人才薈萃，被世人譽為「智慧之都」。

阿基米德在這裡學習和生活了許多年，曾跟很多學者密切交往。他在學習期間對數學、力學和天文學有濃厚的興趣。在他學習天文學時，發明了用水利推動的星球儀，並用它模擬太陽、行星和月亮的運行及表演日食和月食現象。

為解決用尼羅河水灌溉土地的難題，他發明了圓筒狀的螺旋揚水器，後人稱它為「阿基米德螺旋」。

在《浮體原理》一書中，介紹阿基米德在發現浮體原理時有個生動的故事，使伽利略欣喜若狂。

據說有一次，國王希洛讓金匠為他製作一頂王冠。他給了金匠一塊黃金。王冠做成之後，國王感覺王冠的顏色不如黃金色彩好，比真正的黃金白一些，因此，他就懷疑金匠在王冠中摻了假。

國王這樣懷疑，卻沒有根據。他讓周圍的大臣解決這一問題，沒有一個人能夠想出辦法。

於是，國王就把阿基米德招來，把解決王冠之謎的任務交給了他。

那時候，人們不知道各種金屬的比重，因此，除了把王冠丟

到火中熔化之外，還找不到別的辦法來確認王冠中是否含有別的物質。

阿基米德接受國王的任務後，陷入了長久的思考。

國王交給的任務，如果完成不好，輕則可能坐牢，重則會被抓去殺頭。能不能解決王冠之謎，關係到阿基米德的生死存亡。

聰明的數學家犯起愁來。

有一天，阿基米德又困又累，就到街上的浴池，想泡熱水澡休息一下。他進了浴室，脫了衣服，若有所思地進了單人浴缸。

阿基米德的身體往下一躺。由於浴缸中的水灌得太滿，許多水就溢了出來。看到溢出的水，阿基米德恍然大悟。他大喊一聲：「我找到解決辦法啦！」

他從浴缸裡跳出來，光著身子，穿過大街，向自己家跑去。

他要驗證自己的方法。街上行走的人，吃驚地看著這個裸體的男人，還以為他是個瘋子。

阿基米德回到家中，在一隻大盆裡放上一隻桶，在桶裡裝滿了水，先把王冠放入桶中，把溢出的水收集起來並稱出這些水的重量。

然後，他帶著工具和王冠來見國王。

阿基米德拜見了國王后說：「尊敬的國王陛下，如果你能借給我與王冠重量相等的黃金，我就能計算出王冠是否掺了假。」

國王有些不解地問：「是嗎？」

隨後，他馬上讓人拿來阿基米德所需重量的黃金。

阿基米德就在宮中做了同樣的實驗。結果，王冠放入水桶

中，排出的水比相同重量的黃金多。

阿基米德告訴國王，王冠中確實摻了假。希洛國王命令把金匠招來。

在科學家面前，這個自認為不會有人能夠破解王冠之謎的金匠，不得不老老實實地承認，他用白銀偷換了一部分黃金。

伽利略讀了這個故事以後，找來木盆盛滿水，也用木棒、石塊做了幾次實驗，得到的結果和阿基米德的實驗結果相同。這使伽利略很興奮。

伽利略順著故事，繼續向深層研究，他認識到，一定的體積與一定的重量肯定有一種確定的比例。這個比例的差別，與物質本身的密度有關。

伽利略根據自己的推斷進行實驗，發現了兩個可供研究的問題，一個是根據前人提供的密度表，可以測定一種不知名的新物質的重量。另一個是不同密度的物質，可能有不同的比重，而且，這個比重是可以測定的。

阿基米德解決王冠之謎的故事，把伽利略引向了用數學解決實際問題的途徑。

在後來的研究中，伽利略總是充分利用數學工具，並且把數學和實驗緊密結合起來，用定量研究方法，解決物理學、天文學等方面的許多重大問題。

有一天，伽利略忽然想到，能不能製作一個既簡便又精確的測量團體含量的秤？

伽利略思索了好幾天，在腦子裡勾畫出這種秤的藍圖。

這桿秤，用槓桿原理製作。一邊放上砝碼，一邊放上被測物體。

測量時，把要測量的物體先在空氣中稱量一下重量後，再把它浸入水中稱量，利用兩次稱量的重量之差，就可以得到所測量物體的比重。

1585 年，伽利略自己用手工製成了這種秤，起名叫「比重計」，他拿到鄰近的店鋪進行測試，果然既簡便又準確，受到店鋪老闆的讚譽。

於是，伽利略在 1585 —— 1586 年，寫了幾篇關於流體靜力學方面的文章，還寫了一篇論述「比重計」的「天才學術論文」。

伽利略將他的這些論文以及發明的一些儀器帶給里奇看。

里奇看了伽利略的論文感覺很棒，並且告訴伽利略，應該先打好基礎，將數學、物理等知識學得扎扎實實的，只有把數學基礎打牢了，以後才能夠往更寬廣的方向發展。

伽利略的這些論文，得到了里奇的大力幫助和宣傳，這使得伽利略在佛羅倫斯和羅馬的學術界有了一定的聲譽。於是，他開始向自己的目標繼續前進了。

為理想四處奔波

在 16 世紀的歐洲，所有的學者或者藝術家都是依附於權貴的，只有這樣，他們才能得到足夠的經濟資助，才能把自己的學術研究進行下去。

伽利略帶著數學家里奇的介紹信，奔走於各豪門之間。當然，他並不是每次都會受到禮遇的，如果碰到一些愛好學問的王子、公爵，他們看過介紹信後，才會給予伽利略一定的幫助。

里奇認為伽利略應該多接觸數學，並且打好數學基礎，他建議伽利略不妨去教點課，教學相長，進步會更快一些。而且還可以賺取一些錢，給家裡減輕一些負擔。

里奇認為伽利略的數學水準，做家庭教師是完全可以的，於是給伽利略介紹了一些富豪人家的子弟講授數學。

文森西奧知道伽利略去給富家子弟教授數學，並且稍有名氣後，並不是很高興。伽利略從比薩大學退學，沒有拿到畢業文憑，他始終耿耿於懷。

當文森西奧看到伽利略賺了一些錢後，依舊是語重心長地勸伽利略改行做生意，或者是繼續學醫，只有那樣以後可以過上富裕的生活，才能挑起家庭的擔子。

文森西奧說：「你雖然天資聰明，原本能夠成為有名的醫生或者富豪，但是你現在兩條路都不選，恐怕今後要挨餓了。」

伽利略聽了父親的話，考慮了好幾天，他知道自己既然走到了這條路上，就必須深入地研究，或者是有更多的創作。當時的

社會環境，像他那樣剛剛有點兒名氣的小輩，家庭和國家都不會出資幫助他去繼續深造研究的，而且家裡的經濟狀況本身就不是很好。

他對父親說要再考慮考慮。

伽利略去找里奇老師。里奇看到自己的得意門生，坦白地告訴他：「要到社會上去推銷自己，要去主動地尋找自己的伯樂，取得權勢、富豪人家的認可，得到他們的供養或是資助。只有這樣，你的學習和研究才能繼續下去。不然的話，就只好聽從父親的教誨，老老實實地回到商店去幫助他做生意。」

伽利略思考再三，認為今後所要走的路，還是學習、研究之路，別的路說什麼都不能去走。儘管這條路到處是陷阱或荊棘，也必須挺起胸膛走下去。

伽利略下定決心之後，便在佛羅倫斯市推銷自己，尋找能夠幫助自己的人。

接下來的一段時間裡，伽利略拜訪了幾家富豪人家，他們不是不見，就是瞧不起他的論文或發明，都不肯資助或供養他。

在伽利略走投無路的時候，他突然想起托斯卡納大公斐迪南一世的兒子約范尼王子。托斯卡納大公斐迪南一世是佛羅倫斯最高統治者，他有個私生子名叫約范尼，愛好讀書、樂善好施。伽利略想，找找他，或許能有些辦法。

伽利略仍舊攜帶著儀器和論文，來到約范尼的宅第。這是一幢高大的大理石建築，氣勢雄偉，富麗堂皇。

幾名僕人正在門口閒聊著，伽利略迎了上去，說道：「先生

們，你們好，有勞各位先生幫我稟報一聲，我是伽利略。我想見托斯卡納王子。」

幾個人抬起頭看了一眼伽利略，上上下下打量了一番，一看他的打扮就知道不是什麼重要人物。於是，他們懶懶散散地說：「你稍等等吧！現在托斯卡納王子沒空。」

伽利略心裡非常清楚，不是托斯卡納王子沒空，分明是這幾個僕人正聊得火熱不願去稟報。於是，他又走前一步，賠著笑臉說：「先生們，我只需要幾分鐘就可以了，煩勞您給通報一下吧！」

幾個人繼續說笑著，沒有理他。伽利略在一旁靜等著。過了好一會兒，其中一個人起身，說：「你等著啊！我進去稟報一聲。」

不一會兒，那人出來了，說道：「王子請你進去呢！」

伽利略高興極了，這麼長時間的等待總算沒有白費，於是跟隨僕人進了屋。

伽利略見到了正靠在長椅上的托斯卡納大公的兒子。

對於伽利略來說，最重要的事情就是抓緊時間不遺餘力地把自己的新發明和創造介紹給這些有錢的人們。

穿著華麗的王子接見了伽利略，問道：「你叫什麼名字，找我有什麼事情嗎？」

伽利略上前施禮回答：「我叫伽利略，在主的恩賜下，發明了兩件儀器，撰寫了幾篇論文，請您過目。」

伽利略將手中的發明和論文交給了王子，接著說道：「王子閣下，這是我最近發明的兩樣東西，我的脈搏儀和測定固體比重

的秤，都是十分有價值的，我的這種秤是根據阿基米德原理製成的。」

王子慢聲細語地問道：「你把這些東西給我看的目的是什麼呀？」

「我在自學搞發明創造，需要經費資助。」伽利略遲疑了一下，終於說出了口。

王子觀看了伽利略帶來的兩件儀器，翻閱了他的幾篇論文，最後慢聲說：「看來你是個很努力、肯上進的年輕人，儀器和論文都很好，不過你太年輕了，沒有里奇教授、達文西那樣的名氣，我將你推薦給大公，他也不會接受你的。」

伽利略急忙說道：「我發明的脈搏計時器受到醫生們的歡迎。比重計是依據阿基米德原理製成，測量金、銀含量很準確，閣下可以親自試驗一下，我今後還要發明創造更多的東西。」

「你的忙，我實在幫不上。」王子說著伸了個懶腰，打了個哈欠，宣稱他沒有時間去聽一個求職人的請求。

於是，他叫來他的祕書，把伽利略要說的話記下來，他現在要休息一下了。

伽利略感覺悲傷至極，他信步走到阿諾河邊，想著自己祖先的豐功偉績，然後又想了想自己的處境。他詛咒自己，感覺自己很沒有用，一事無成。

一時間感覺自己所做的一切事情都沒有任何的意義了，一會兒又鄙視自己，為什麼要忍受別人對自己的頤指氣使，為什麼要忍受別人的盛氣凌人，為什麼要對他們獻殷勤，怎麼可以讓他們來肯定自己的價值呢？

伽利略像幽靈一般在河邊徘徊，幾次想縱身跳進河中結束自己的生命。

但是，想到哺育自己成長的父親、母親，想到兩個活潑美麗的妹妹，想到天真無邪整天唱歌的弟弟米蓋，特別是看到手中拿著的花費了很大心血研究發明的兩件儀器和懷中揣著的幾篇論文，他終於漸漸地冷靜了下來。

此時，伽利略的生存問題越來越突顯。父親的生意破產，一家人的生活成了問題。而伽利略已經成年，家庭對他不再有撫養責任，他必須自己養活自己。

伽利略想教幾個學生，條件是這些學生能夠供給他麵包和奶油。這個看起來很簡單的目標並不容易實現，因為，在當時的條件下，能夠供得起奶油和麵包的，只有貴族家庭，一般人家的生活條件很差。

可是，貴族們都願意請有名的學者、教授當家庭教師，而不願意請沒有名氣的年輕人，雖然經過里奇教授的介紹，偶爾會有幾個家長願意讓伽利略給他們的孩子授課，但總不能長久。

走向社會之初的碰壁，使伽利略很懊喪。他又去找里奇幫忙。

他說：「既然沒有人願意請我教他的孩子們，我現在又該怎麼辦呢？」

里奇鼓勵伽利略，要多與科學家們交往，以請教的方式讓他們了解自己。

他知道伽利略在科學探討上是勇敢的，而在與人交往中卻是靦腆的。他受不了那些教授們的傲慢和居高臨下的態度。

里奇繼續鼓勵伽利略，在科學交流中，不要過多地顧及個人的面子，向別人求教不是恥辱之事，即使碰了釘子，也沒什麼大不了，應該以自己的真誠感動這些著名的科學家。

伽利略決定以虛心和虔誠的態度再次拜訪城中有名的科學家。對伽利略的求學行動，父親有些不理解。

他說：「出錢給你上學，你不好好學習，現在離開了大學，連個畢業證都沒有得到，反而要去大學請教老師。」

伽利略的誠意感動了一些科學家。他們終於讓伽利略進入自己的書房或客廳，聽一聽伽利略提出的問題和見解。

科學家們認識到了這是一個不平凡的科學愛好者。他們對於伽利略提出的問題，都發表了自己的看法，這使伽利略受益很大。然而，當他提出到大學謀求教學職位時，卻沒有得到科學家和教授們的認可。

太多的失望和無奈，迫使伽利略不得不考慮新的方向。經過幾天的思考，他決定到別處去尋找新的希望。

伽利略想，在佛羅倫斯是不會有人賞識我了，是不是應該換個地方？聽人講過，羅馬是人才薈萃的地方，我為什麼不到那裡去？

他忽然想起羅馬大學教授克拉威斯，伽利略曾經讀過他的著作。我為什麼不去找找克拉威斯？順便還可以向他請教些數學疑難問題。

這天晚上，吃過晚飯，弟弟在一旁彈琴，兩個妹妹在一起看書，母親在打毛衣，父親則沉浸在弟弟的琴聲中，弟弟在音樂方面的天賦一直是受到音樂家文森西奧的讚賞和青睞的。

伽利略這次主動走到父親的身旁，說道：「父親，我想跟你談談。」

文森西奧從音樂的陶醉當中抬起了頭，看了一眼伽利略，隨口說道：「是嗎！要談些什麼呢？是不是決定做生意了？」

伽利略猶豫了一下，這才說道：「我最近有一個新的打算。」

「什麼打算？」文森西奧有些興趣地問道。

伽利略說道：「我想，既然我無法得到佛羅倫斯貴族們的資助，那麼，我想去一些人才薈萃的地方，我要把我的研究成果展示給那些著名的數學家和科學家們看，我希望我的研究成果能夠引起他們的重視，然後說服他們給我支持。」

伽利略已經都這麼大了，父親不會再像對一個小孩子那樣處處管束著他了。出去開開眼界，也不見得是什麼壞事。而且，在自己年輕的時候，也曾經有過這樣的凌雲壯志，也曾經夢想著到一個遙遠而陌生的地方去探險。

「去哪裡都可以，只要不幹壞事就行。」文森西奧停頓了一下，這才接著說道，「可是，伽利略，你知道家裡的經濟狀況，我沒有錢給你買一套新衣服，也沒有錢提供給你做路費。」

旁邊的母親也急忙說道：「要去很遠嗎？你穿這件破舊的衣服能行嗎？路上有錢吃飯嗎？又在哪裡住宿呢？到哪裡去喝水呢？」

茱莉亞·阿曼娜蒂對兒子的決定感到有些擔心，因為身無分文地去異地他鄉，該是件多麼辛苦的事啊！

這是伽利略最先考慮的一個問題，他淡定地說道：「這個我

知道，我已經想好了。我就是一個窮學生，窮學生出門還有什麼要準備的。累的時候，就在街邊路旁休息一會兒，水可以到山間地裡的小溪裡去喝，還有，吃的就更好解決了。」

「我在比薩上大學的時候，有一次聽說，有一個學生從荷蘭到巴黎上大學，一路上行乞充饑。他沒有別的吃的東西，就吃麵包屑，有的麵包屑時間太久了都嚼不動了。為了提提精神，他一路上按照他所得到的麵包屑的不同新鮮程度，用拉丁文寫了一篇很長的學位論文，並在路上朗誦不止。我就打算照著他的樣子去做了。」

雖然母親茱莉亞·阿曼娜蒂很不贊成伽利略的這個計劃，但最終沒有拗得過有些倔強的伽利略，就這樣在 1587 年的夏天，伽利略沒有用家裡的一分錢，靠著沿路乞討，到達了羅馬。

伽利略在羅馬拜訪了羅馬大學的數學教授克拉威斯。

克拉威斯教授很熱情，將伽利略發明的儀器和論文介紹給在羅馬的幾位學者，並召開了一個研討會，請伽利略在會上宣讀論文，演示儀器。出席會議的天文學家和數學家蒙特侯爵非常看重伽利略，認為他是個有培養前途的年輕人。

伽利略在羅馬停留了一個多月，在克拉威斯教授的舉薦下，他還訪問了波隆那人學和帕多瓦大學，與那裡的學者進行了學術交流，學習了不少數學和物理學方面的新知識。

獲大學教授職位

　　1587 年的秋天，伽利略回到了佛羅倫斯。文森西奧和妻子看見出門幾個月的兒子瘦了許多，皮膚曬得黑黑的，只有兩隻眼睛炯炯有神。

　　伽利略高興地說 ：「在羅馬，我的發明和論文受到幾位著名學者的賞識，我實在高興極了，真是不虛此行啊！」

　　羅馬之行給了伽利略許多珍貴的記憶。他在那兒見到了克勒菲神父，他對伽利略的發明十分欣賞，並給了伽利略很多支持和鼓勵。能夠得到他的認可，對於伽利略來說，實在是莫大的安慰。

　　可是，現實終歸是現實，伽利略回到佛羅倫斯，他的前途仍然一片迷茫。他仍沒有找到自己的用武之地。不久，宮廷數學家里奇給他帶來了一個好消息。

　　伽利略回到佛羅倫斯不久，從羅馬就傳來訊息，說佛羅倫斯有一位叫伽利略的年輕人，他的發明和論文都達到相當高的水準，特別是測量比重的秤，超過大科學家阿基米德的設計，是個難得的人才。

　　1588 年，佛羅倫斯學院院長請伽利略前去介紹他的發明和宣讀論文，結果受到全體教師的好評。接著又請他給該院師生講解但丁的《神曲》中「地獄篇」中關於地獄位置、大小和布局的內容。

《神曲》是義大利詩人阿利蓋利·但丁的長詩。寫於1307──1321年，全詩為三部分，即《地獄》、《煉獄》和《天堂》，譴責教會的統治，但仍然未擺脫基督教神學的觀點。

全詩共分三部，每部 33 篇，最前面增加 1 篇序詩，一共 100 篇。詩句是三行一段，連鎖押韻，各篇長短大致相等，每部也基本相等。

《神曲》是一部充滿隱喻性、象徵性，同時又洋溢著鮮明的現實性、傾向性的作品。但丁借貝婭特麗絲對他的談話表示，他寫作《神曲》的主旨，是「為了對萬惡的社會有所裨益」。

《神曲》雖然採用了中世紀特有的幻游文學的形式，其寓意和象徵在解釋上常常引發頗多爭議，但它的思想內涵則是異常明確的，即映照現實、啟迪人心，讓世人經歷考驗，擺脫迷誤，臻於善和真，使義大利走出苦難，撥亂反正，尋得政治上、道德上復興的道路。伽利略曾經仔細閱讀過《神曲》，並對它作過深入的研究。

但丁原著的註釋者持兩種對立的觀點。伽利略根據地理學和數學知識支持早期的那些觀點。伽利略的講課獲得很大成功。

佛羅倫斯文學院裡的幾位教授對伽利略的口才和學識極為讚賞，建議學院留下他擔任專職數學教授。但該院數學教授已有人選。

原來，不僅里奇，另外還有好幾位佛羅倫斯的知名學者對伽利略的科學論文和流體靜力學分析十分讚賞，比如對力學頗有研究並十分讚賞伽利略的義大利人吉多波德侯爵。

恰好，比薩大學沒有數學教授的席位，於是，這幾位名流一同向托斯卡納大公斐迪南一世提出建議，在比薩大學設立這一教席，並聘請伽利略來擔當這個職位。

經托斯卡納大公斐迪南一世的批准，比薩大學正式任命伽利略擔任首席數學教授。經過多年的艱苦自學，歷盡磨難和坎坷，25 歲的伽利略終於成為一名年輕的大學教授。

這一職位後來授予了帕多瓦的一位天文學家馬基尼，他因出版過一些著作而享有盛名。但是伽利略的一些發明和論述引起了吉多波德侯爵的興趣。

這位侯爵寫過一部重要的力學著作，從此直至 1607 年去世，他一直是伽利略的朋友和贊助人。1587 年年底伽利略首次訪問羅馬時，他還結識了羅馬耶穌會學院的數學家兼天文學家克拉威斯。

全家人在得知伽利略終於獲得了比薩大學數學教授的職務後，都非常高興，連以往極力反對伽利略學習數學、哲學的父親文森西奧也拍著伽利略的肩膀高興地說道：「到底是貴族的後代，果然是出類拔萃，我早就知道我的兒子會有出息，會光耀門庭的。看來，我對你的教育真是沒有白費心思。」

妻子茱莉亞·阿曼娜蒂卻笑著說道：「現在知道誇獎兒子了，當初他要學數學的時候，你是堅決反對的，兒子也不知道被你罵了多少回。」

文森西奧卻說道：「你懂什麼，罵也是一種教育方式，要不是我當初那樣激勵他，他怎麼會有今天的成就呢？」

但是，沒過一會兒，文森西奧的高興就被伽利略的年薪數額給澆滅了。

文森西奧有些垂頭喪氣地說道：「恐怕你是所有教授裡年薪最低的一個吧！靠你每年的這點收入，可能連我們為你借的那些學費還不夠還呢！就更別提你兩個妹妹的嫁妝了。」

伽利略對自己的未來充滿了信心，他對母親說：「您別擔心，我想，到時候我會有辦法為她們準備豐厚的嫁妝的。我可以發明一些實用的東西，然後把它們賣掉，這樣我就能有一些額外收入了。而且，我不需要什麼新衣服，因為我的教授袍會遮住裡面的舊衣服，這樣，薪水會留下一大部分的。」

義大利的商業是很發達的。許多教授透過把自己發明的一些實用的東西賣掉來增加收入。可是，伽利略的脈搏儀卻沒有拿回半分錢來，只不過是得到了一些名聲而已。

但是伽利略發明脈搏儀、比重計已有好幾年了，沒看到他往外賣過，也沒拿回來過一分錢。於是文森西奧又出主意說：「你的這些辦法都不現實。最好的辦法就是多收幾個私人學生，這條路子更加穩妥。」

伽利略聽了，沒說什麼，只是記下了父親的指教。

第二天，伽利略帶上母親幫他準備的行李上路了。

比薩大學的學生，一向有個傳統，那就是自由選擇一位教授作為自己的家庭教師。伽利略本來打算到了比薩大學，可以多收幾個私人學生，這樣可以增加收入，可是，他因缺乏名氣和經驗，剛開始，選伽利略來當私人老師的學生寥寥無幾。

伽利略是個十分富有同情心的老師，常常不厭其煩地為學生講解那些最難懂的題目，他甚至可以把自己的事情放在一邊，然後花掉大部分的時間和學生們一起研究他們的小腦瓜裡那些古怪的想法。

伽利略對少數與他意氣相投的學生十分溺愛，他會忘記自己的身分和他們打成一片，和他們一起談天說地，甚至有時候會講一些不十分嚴肅的笑話故事。

沒過多久，伽利略的講課就受到了許多學生的歡迎。

每當伽利略上課時，課堂上總是座無虛席，幾百人的大廳裡，唯一聽到的是伽利略洪亮的講課聲和學生們記筆記的聲音。

伽利略講授的數學課在學生中受到了歡迎，卻遭到了一些老師的反對。

他們經常會評論道：「哼！他是個什麼教授，他在我們學校連畢業證都沒有拿到，有什麼資格回到母校當教授？」

「就是。他不就是出去轉了一圈嗎？怎麼一回來就搖身一變，成了老師了！真是讓人不服氣。」

伽利略是一個有勇氣、有批判精神的人。他在授課中，常常講述自己的一些新觀點。這一行為，讓已經習慣了照本宣科的老學者們十分不滿。他們幾乎都是亞里斯多德的忠實信徒，是不允許自己心中被奉為神明一樣的偶像被伽利略這樣的年輕人當作靶子的。

而且，他們極不喜歡伽利略發表觀點時的挑戰態度，他們認為，伽利略本可以謙遜地表達他的觀點。

有一天，幾位白髮蒼蒼的老教授又在學校的路上聽到幾個學生在討論伽利略的授課內容。幾個人便緊跟在幾個學生的後面，終於聽清了幾個學生的對話。真是要把他們的鬍子氣歪了。

　　「這個我行我素的伽利略，總是想把自己擺在和亞里斯多德平起平坐的位置上，真是不知天高地厚。」

　　「是啊！再任他這樣胡鬧下去，這個學校不知道要變成什麼樣子了。」

　　「我早就想說了，學校是給學生傳授知識的地方，怎麼可以變成他的演講場所呢，想說什麼就說什麼，這不是誤人子弟嗎？」

　　「如果像這位年輕教授這樣講課，那我看我們都不要再上講台啦。」

　　「是呀！我們都很有意見，我們這個學校的名譽就要毀在他的手裡了。他居然在課堂上講一些什麼實驗之類的東西。」

　　「我聽說他還曾經在課堂上公開說，亞里斯多德的學說有錯誤，真是不知天高地厚，這樣目無尊長的人，怎麼可以為人師表呢？這成何體統呢？」

　　幾位老教授氣憤地對校長說著。「各位先生不必生氣，年輕人講課不穩重是不可避免的，我一定勸勸他，讓他注意改正。」校長趕忙勸解著幾位年長的教授。

　　這天下午，伽利略沒有課。校長將他請到校長室，耐心地說：「伽利略教授，您來到母校任教已經半年多了，教課很認真，學生反映也很好。但是，有幾位老教師對您提出幾點中肯的意見，希望您加以考慮。」

接著，校長便把老教師們的意見向他傳達一遍。

伽利略聽了這些意見，感到非常刺耳。他很想立即反駁校長的意見，但一想到自己剛來教課，還是虛心謹慎一些為好，只好說：「我一定認真聽取老教師們的意見，回去認真思考，感謝校長閣下的教誨。」

校長點了點頭說道：「很好，您還很年輕，只要虛心學習，一切都會好起來的。」

聽了校長的意見後，伽利略在講課時十分謹慎，輕易不表達自己的看法，並且暫停了實驗課。

伽利略的虛心並沒有得到老教師們的諒解，他們不僅在會議上攻擊伽利略，而且還在課堂上講伽利略的壞話，說他是個不學無術、狂妄至極的教師。

在老教師的煽動下，伽利略在比薩大學的處境十分艱難，遭到一些師生的攻擊和謾罵，但他毫不在意，繼續他的學習、研究和探索。

比薩斜塔實驗

重新回到闊別多年的校園，伽利略本以為學校會發生很大的變化，他沒有想到，比薩大學跟過去一樣，仍然充滿著保守、腐朽以及沉悶的氣息。

在這裡，亞里斯多德依舊被奉為權威和真理。

此時的伽利略已不是在比薩大學讀書時的那個毛頭小子了，他成熟了很多，並且認識到，要想懷疑並且打破亞里斯多德的神話，必須先去全面地認識他。

從這時起，伽利略更加細心地研究亞里斯多德的哲學。而這樣也顯得他低調了許多，老教授們雖然看他不順眼，但是也沒有再找他的麻煩。

伽利略一有時間就去圖書館讀亞里斯多德的原著，並且經常跟一些大學的好朋友討論亞里斯多德的哲學。

其中，有一個名叫馬佐尼的教授，跟他關係很好，兩個人也常常因亞里斯多德爭得面紅耳赤，但是伽利略從與馬佐尼的爭論當中感覺到自己一直以來對亞里斯多德的認識都很膚淺，於是在工作之餘，除了他愛好的數學之外，便每天鑽到了亞里斯多德的哲學當中。

伽利略教的是數學，但與人討論得最多的卻是數學之外的亞里斯多德的哲學。這與他在大學讀書時的表現是一樣的，那時，他學的是醫學，可他感興趣的卻是數學。

比薩斜塔實驗

　　在討論與學習亞里斯多德的著作之外，伽利略更將主要精力投入到了各種實驗上。

　　透過這些實驗，伽利略發現在亞里斯多德的著作中，有很多的觀點是不正確的。比如，亞里斯多德關於重量影響物體下落速度的理論就與他的實驗不相符。

　　亞里斯多德認為，當一個物體從某一高度落下來時，其下落的速度取決於其重量，物體越重它的下落速度就越快，反之，輕的物體就下落得慢。

　　伽利略想，如果按照亞里斯多德的觀點，將一個重物和一個輕物用一條線拴了起來，形成物系向下落時，就會出現互相矛盾的情況。

　　由於物系是一個重物跟一個輕物連在一起的，整個物系就比其中的重物重，物系下落的速度就會比單一的重物下落的速度快。

　　但同時，物系是由一輕一重兩個物體連接著的，按照亞里斯多德的觀點，輕物比重物下落要慢，這樣物系下落時，輕物就會在上拉著重物，使物系比重物要落得慢。這樣，就與前一個推理產生了矛盾。

　　伽利略反覆做了許多次實驗，完全可以證明自己的觀點。於是，他將自己的觀點寫成了一篇題為「論重力」的論文，在這篇文章中，對亞里斯多德的觀點進行了反駁。

　　在當時，亞里斯多德這個哲學聖人，其地位在人們的心中已經根深蒂固了，人們總是開口亞里斯多德，閉口亞里斯多德，這是當時人們的一種時尚。如果懷疑亞里斯多德那不是瘋子，就是

神經出現了問題。而對亞里斯多德的理論進行挑戰，就是大逆不道的行為。

伽利略很清楚亞里斯多德的社會影響以及在人們心中的地位，但倔強的個性，以及不相信權威的精神又使他沒有退路，即使是撞破了頭皮，也要向前闖一闖了。

一天晚上，伽利略跟幾個要好的同學聊天，伽利略對大家說了他的想法：「我要用實驗向大家證明一個真理，我要讓那些最頑固的老學者們親眼看到我的實驗，然後讓他們信服。」

「老師，您想什麼時候做實驗啊？」學生們不由好奇地問道。

伽利略滿懷信心地說道：「我要請學校的全體師生，還有比薩的全體公民來觀看這次實驗，讓大家一起來為我做見證。大家會看到，兩個大小不等的鐵球同時落地。」伽利略頓了一下，這才繼續說道，「過兩天，我要做好充分的準備。」

於是，伽利略就在自己的住處，用一大一小兩個鐵球做了許多次實驗。結果，實驗證明，在同一個高度，同時向下扔下兩個鐵球，兩球會同時落地。伽利略還讓幾個要好的朋友也做了幾次實驗，結果都是一樣。

這樣，伽利略堅信自己的所做所說都是正確的，而亞里斯多德有關輕重物體下落速度不同的說法顯然是不正確的。

伽利略想，應該找個公開的場合，向人們公布自己的發現，同時證明自己的說法是正確的。

經過考慮和觀察，伽利略決定將實驗地點定在著名的比薩斜塔上。

選好地點後，伽利略讓自己的學生寫了海報，張貼在學校的好多地方。

海報一出，立刻整個校園都轟動了。

「這位伽利略教授，真是沒事找事。還是人家古代大科學家亞里斯多德說得對，石頭比麥稭稈下落的速度肯定快。」有些教師不由議論著。

旁邊的人說道：「這回實驗不是石頭和麥稭稈，而是進行密度或物質相同的物體下降速度的實驗。有可能是兩塊石頭、兩塊鐵，或是兩個木球。」

旁邊的老教授有些不屑地說道：「就是相同的物體也是一樣。連小孩子都明白，一塊大石頭和一塊小石頭，那個大石頭肯定比小石頭下降速度要快得多。」

「是啊！咱們大學裡，老教授和學生們，還有亞里斯多德的著作裡都是這麼說的，可是，這位新來的年輕數學教授伽利略就否認這種說法，他打算向全校師生證明他是正確的，真是狂妄自大！」另外一個大鬍子的老教授有些氣惱地說著。

一時之間，整個校園裡議論紛紛，有人認為伽利略是大逆不道、膽大妄為；有人認為伽利略是在譁眾取寵、沽名釣譽，是不值一提的；但是有的人卻很佩服伽利略的膽量，但是對他的說法卻是半信半疑；還有極少數人則表示堅決支持。

校園外也有不少人知道了伽利略要透過實驗向亞里斯多德挑戰的事情，也都是議論紛紛，等著伽利略實驗的那一天去看熱鬧。

實驗那天到了。在教堂的大鐘敲響 12 下之前，伽利略滿懷興奮地到了公共廣場。比薩斜塔下面站滿了高聲談笑的學生，看他們的勁頭兒，倒更像是來看鬥雞表演的。伽利略找了半天，沒有見到校長和一些資歷較深的教授，可能他們害怕有失身分。

　　不過，在人群中，伽利略還是看到了幾位教授，他們的臉上掛著蔑視的神情，還有一絲不懷好意的冷笑。

　　在人群的最外圍，是一些要走向教堂的老婦人，她們看到這麼多人的集會，不知道要發生什麼，於是四下里問：什麼事情、要看什麼、什麼時候開始。

　　在斜塔的入口處，一位老教授正在和一位年輕的教授熱烈地交談著。他們看到伽利略走過來，便一下子閉嘴，分開了。伽利略沒有理會他們，徑自進入了塔中。

　　比薩城中心公共廣場，是一個街心花園。廣場上除了有涼亭、泉水池之外，還有 3 幢突出的建築物。1 個是主教堂，1 個是洗禮堂，都有 4 層樓建築那麼高，它們中間高 50 多公尺的斜塔，顯得雄偉、壯觀。

　　伽利略對已經等得有些著急的群眾說：「老師們，同學們，請安靜！我進行的實驗馬上要開始了。」

　　下面有些人說道：「快看，台上那個高個子喊話的年輕人就是伽利略。」

　　伽利略繼續解釋道：「請大家看清楚，我手中有兩個鐵球，左手的這一個重 1 磅，而右手的這一個則重 5 磅。如果有人不相信，可以親自上來掂一掂，看看我說的是不是屬實。讀過書的人

都知道，亞里斯多德認為：如果兩個重量不同的物體同時下落的話，那麼它們到達地面的時間是不一樣的。」

這時，人群裡有人嚷著：「那是當然，5 磅的鐵球一定會比 1 磅的快 5 倍。」

伽利略繼續說：「現在請大家稍稍往後一點兒，我會讓這兩個鐵球直線落下去，不會傷害到大家的。請大家幫我一起觀察這兩個鐵球落地的時間。」

伽利略登上了塔頂，現在剛好是正午時分，鐘聲剛剛響過，下面的人群一片靜寂。伽利略手裡拿著兩個鐵球，他伸開手臂，讓兩個手臂處於同一個水平線上，他喊了聲：「放！」

於是，兩個鐵球便從半空中直落到地面。

兩個手執滴漏計時的學生大聲喊道：「時間相同，沒有絲毫的差別。」

人群裡立刻轟動起來，無論如何，這麼多人的眼睛都看到了一個事實，那就是兩個鐵球同時落地。

人群裡頓時議論紛紛。

「的確，是兩個鐵球同時落地的。」

「我們大家都親眼看見了，是相同的時間啊！」

「對啊！不會錯的，我們只聽到一個落地的聲音，說明一定是同時的，不會錯的。」

這時候有一個大鬍子的老教授突然大聲地叫道：「大家都安靜，這個實驗不算成功。1 磅重的鐵球和 5 磅重的鐵球，重量差別太小，因此它們下降速度的差別很難看出來。」

「對呀！兩個鐵球的重量差別太小，這個實驗不算成功。」其他幾位老教授也紛紛附和著。

「那好，我們做第二次實驗。」伽利略說著從台階下拿出一個更大的鐵球說，「這回我請兩名同學幫忙。這個鐵球有 10 磅重，只能由一名同學拿，另一名同學拿這個 1 磅重的鐵球。請兩名同學像我一樣登上塔的最高層，聽我的口令扔下鐵球。」

從人群中走出兩名學生，分別拿著大小鐵球，一前一後進入塔內，登上塔頂。

他倆出現在第八層傾斜的一面，也像伽利略教授一樣，探出上半身，伸出手臂。

伽利略朝著塔頂高聲喊道：「請將你們手中的鐵球，都放在同一水平線上。注意聽我的口令！我喊 1、2、3，數到 3 就放手。」

伽利略等兩名學生準備好後，便開始數數，當數到「3」的時候，兩名同學同時放開了手中的鐵球。

當兩個鐵球落地的那一刻，站在前排負責觀察的同學大聲地叫道：「好的，還是同時落地，是同時落地的。」

「還是一個響聲，是同時落地的聲音。」

站在人群中的幾位老教授，你看看我，我看看你，臉上高傲、蔑視的神情不見了，一個個低著頭不知說什麼才好。

伽利略說：「不錯，我也崇拜亞里斯多德，我被他的廣博的學說所折服，也被他勇於探索萬物原理的科學精神所感動。但是，偉人也有侷限性，不可能說的每句話都是真理。」

「現在，我完全有理由反駁他的這個理論，按照他的說法，把一個 100 磅重的球和一個 1 磅重的球同時從高處落下，100 磅重的球應比 1 磅重的球先落地。如果把 100 磅重的球和 1 磅重的球拴在一起，讓它們從高處落下，按照亞里斯多德的邏輯，就可能得出兩個結論。」

「一個是，這兩個球連在一起，它的重量比 100 磅的球重 1 磅，因此，應當比 100 磅重的球先落地。另一個是，1 磅重的球與 100 磅重的球連在一起，會由於 1 磅的球比 100 磅的球降落得慢，1 磅球的降落速度必然會減慢 100 磅的降落速度，這樣，捆在一起的兩個球就應該比 100 磅重的球後落地。」

「這兩種分析都符合亞里斯多德的理論，但得出的卻是兩個互相矛盾的結論！一個理論是互相矛盾的，那麼，這個理論就必然是錯誤的！」

伽利略頓了頓，接著又興奮地說道：「而且，透過我剛才的實驗，已經充分地證明了，亞里斯多德關於重量與物體速度的理論是不正確的。」

聽了伽利略的話，他的學生和朋友們都過來向他祝賀：「老師，祝賀您，您的實驗成功了。」

「老師，我感到很光榮。能為您效力，並且親眼看到您的成功。」

雖然伽利略的實驗獲得了成功，但他並不滿足，他還想研究自由落體的定律，還要探索物體降落的軌跡與降落時間的關係。實驗的成功成為伽利略學習、研究物理學的新的起點。

離開比薩大學

托斯卡納大公斐迪南一世的兒子約范尼·麥地奇王子一心想著有一天自己會創造出一個奇蹟，讓佛羅倫斯乃至整個歐洲大吃一驚。

3 年前，伽利略還在家裡自學，為了取得權勢者的重視和重用，他曾經拜訪過王子，但是王子給他留下了很壞的印象。

後來，王子跟一些宮廷的大臣一起熱衷於學習哲學、機械學，王子還專門設計出了一個挖泥機的樣圖，並且吹噓自己的挖泥機能夠代替 100 個人工作。

1591 年的夏季，王子將他設計的挖泥機的樣圖專門派宮廷的差役送到比薩大學伽利略的手中，請伽利略對這台機器進行質量、效能方面的審查。

伽利略萬萬沒有想到，當他來到比薩大學當數學教授之後，王子找上了門，來求他辦事。原本，按照 3 年前王子對他的態度，本可以將審閱圖紙的事情藉故推掉，但又一想，自己能夠來比薩任教也是借助王子的父親托斯卡納大公的力量。如果惹惱了這位王子，站在了他的對立面，以後不僅在比薩大學站不住腳，就是在佛羅倫斯謀生也將很困難！

伽利略的一位朋友對伽利略說：「給王子的機器作鑒定，可不是個好差事啊！王子對自己是頗有自信的，所以，你在發表意見的時候一定要察言觀色，不可冒失。」

對於這一點，伽利略心中是很清楚的。這是一次接近王子的絕好機會，只要王子肯重用他，那麼，比薩大學那些對他抱有敵意的教授就不敢動他半根毫毛，他就有了一個巨大的靠山。

所以，伽利略在心裡叮囑自己，一定要小心謹慎，不可造次、打碎自己的飯碗、斷了自己的前程。

伽利略用了兩天時間，將挖泥機圖紙仔細看過，並用數學公式將很多關鍵部件測算之後，他發現約范尼王子設計的挖泥機完全不符合機械製造原理，如果按照圖紙造出挖泥機，不僅挖不出一點泥來，而且還會造成人身傷亡。

面對這張毫無實用價值的圖紙，伽利略有些犯難了。直言相告肯定會得罪王子；不說等於欺騙了王子。如果按照圖紙造出的產品不能用，審閱圖紙者該當何罪？

伽利略思考再三，認為還是向王子說實話為好。應該親自拜見王子，對圖紙中多處不合乎機械原理的地方提出改進方案，幫助王子重新設計一張有實用價值的圖紙，以便造出一台能夠工作的挖泥機。

試想，如果伽利略對這台機器表示了讚揚，但是最後做出來的時候卻不能工作，王子不是更沒面子嗎？如果現在提出意見，王子可以加以修改，以誠相待，可以避免王子最後下不來台。

伽利略冒著酷熱，專門趕回了佛羅倫斯。

伽利略讓門衛轉告了他的來意後，立刻受到了王子的熱情接見。王子見伽利略拿著一捲圖紙，問道：「怎麼樣，我設計的挖泥機圖紙，你已經看過了嗎？」

伽利略說道：「王子的挖泥機圖紙我已經很認真地看過了，圖紙上挖泥機的一些關鍵部件的設計，經過我的測算，是違背一些機械原理的。這些部件，將會導致整個挖泥機都會發生癱瘓。對於這些設計，可以考慮能不能修改一下，我已經給殿下設計了一套修改方案。」

「什麼？什麼？」王子打斷伽利略的話，大聲叫道，「教授先生，你不是在說夢話吧？我精心設計兩年的挖泥機竟然是『違背一些機械原理』，是不是你沒有認真看我的圖紙，你懂不懂什麼是挖泥機？」

伽利略真誠地向王子說道：「如果不修改，造出的挖泥機是不能工作的！殿下，我是真心實意地懇求！」

王子氣憤地大聲叫道：「有什麼可懇求的！我設計的挖泥機，還要你來修改，你這不是羞辱我嗎？你實際是個狗屁不通的傢伙，還當什麼教授！想當年，你在比薩不是連畢業證都沒有拿到嗎？有什麼資格來當老師，數學教授？我看你對數學一竅不通。現在，就讓人照著我的設計給我做出一台挖泥機來，我要讓你看看，我的機器是如何把淤泥挖出來的。」

下面的人趕緊奉命行事。大家知道王子正在氣頭上，所以這事兒耽擱不得，於是機器很快就做出來了。

可是，正如伽利略所說的那樣，它根本不符合機械製造原理，所以，這台機器根本不能工作。

伽利略本想，這次王子該清醒了吧！應該認識到自己的錯誤了吧！但是，沒有想到在一天下午，伽利略被校長叫到了辦公

室，校長說：「伽利略先生，很抱歉，您的聘期已滿，我們現在因種種原因不能再聘用您了，請您另謀高就吧！」

伽利略早就料到他可能被解聘，但沒想到會來得這麼快。於是他問：「尊敬的校長閣下，是什麼原因能說一下嗎？」

校長說道：「那我就不客氣了，學校是傳授知識和真理的殿堂，可是你卻蠱惑學生，攻擊古代偉大的科學家，更是貶低眾多資格深的老教授。之前，就有很多的老教授對你提出很多意見。」

伽利略淡淡地說道：「這些只是你的藉口而已，我相信，真正的理由，你比我還要清楚。」

1591 年，伽利略離開了比薩大學。

這個時候，伽利略也接到了父親病危的信函，他立即乘一輛快車，冒著酷暑，趕回了佛羅倫斯。

伽利略趕回家時，父親文森西奧已經病得很嚴重了，母親茱莉亞·阿曼娜蒂說，前兩天買了藥吃，但是一直也沒有起什麼作用。

伽利略趕忙背起父親就向醫院跑去，醫院已經下班了，在全家人的懇求下，一個值班的老醫生出來為文森西奧看了看，嘆了口氣說道：「已經病入膏肓了，現在才送來醫治，就是神醫也治不好了。」

在全家人的懇求下，老醫生也只能盡力配製了藥給伽利略帶了回去。

服下藥後，文森西奧仍然是昏迷不醒。伽利略看到父親病成這樣，而自己過去還在大學學過 3 年多醫學，竟然束手無策，深

感愧疚。此時此刻，他很後悔沒有聽父親的話，把醫學學好，而是在大學白混了 3 年多，連畢業文憑都沒拿到。

老醫生的藥，最終沒能挽留文森西奧的生命。

就這樣，佛羅倫斯著名的音樂愛好者、作曲家文森西奧被疾病奪去了生命，享年還不到 50 歲。

按照貴族的習俗，應當停靈 7 天，為文森西奧舉行隆重的葬禮。因為家裡生活拮据，再加上天氣炎熱，一切只能從簡了。

在伽利略的主持下，第二天早晨，遵從教會的規則，對亡靈進行祈禱以後將文森西奧的靈柩送到佛羅倫斯的郊外教會墓地下葬。

商店附近的鄰居和文森西奧的生前好友里奇教授等 100 多人前來參加葬禮。

獲得甜蜜的愛情

伽利略離開了比薩大學，他的生活陷入了困境，他必須儘快找到一份新的工作以補貼家用。因為這一年，父親已經去世了，弟弟還沒有能力贍養母親，兩個妹妹也沒有做修女的打算。所以，伽利略還得為兩個妹妹準備嫁妝，家庭所有的重擔全都落在了他一個人的肩上。

因為王子的原因伽利略離開了比薩大學，想再在比薩這個地方找一份工作可能是非常難了。所以，他不再嘗試去找什麼工作，而是開始作另外的打算。

在這期間，伽利略給熱那亞、波羅尼亞等地的大學寫信，主動推薦自己。同時，也給當時的一些名人包括自己的朋友蒙特侯爵寫信，請求他們幫助自己找一份合適的工作。

母親的願望是讓伽利略繼續經營羊毛商店，以維持一家人的生計。可是伽利略實在不願在羊毛生意上終了一生。他拜訪了父親的好友里奇教授，向他訴說了離開比薩大學前後的情況和目前的處境。

里奇教授很同情伽利略的遭遇，介紹他到威尼斯，在那裡里奇教授有一些搞學術的朋友，或許可以幫助伽利略。

而且，威尼斯是義大利各個城市中最開明、最自由的一個，所有的學者在這裡，都可以盡情地講述自己的觀點和想法，而不會有其他力量來限制你的言論和思想自由，僅這一點，就讓伽利

略十分嚮往了。

在威尼斯的管轄之下，有一個帕多瓦大學，它正好在威尼斯的西部，相距僅 30 多公里。由於威尼斯的自由學術氛圍，使得帕多瓦大學的學術氛圍也十分自由，這對科學研究十分有利。

而且，在帕多瓦大學任教的博物學家潘因里，與伽利略的關係十分密切，伽利略曾經在他家裡住過一段時間。潘因里的家還是一個聚會的中心，有許多學者和權貴來這裡高談闊論，這裡是一個可以自由溝通的空間。

1591 年秋季，伽利略離開了佛羅倫斯，來到了文化和商業名城威尼斯。

威尼斯是個獨立的共和國，不歸佛羅倫斯公國管轄。威尼斯市位於亞得里亞海濱，由 118 個島嶼組成，各島嶼之間有 157 條河道、378 座橋，是聞名世界的水城、橋城。全城幾百座橋橫跨於縱橫交錯的水面，連接著星羅棋布的島嶼，千姿百態，風格迥異。樓台亭閣，石階交錯，波光閃閃，遊人進入市區，猶如進入仙境，心曠神怡、流連忘返。

伽利略來到威尼斯，受到潘因里教授的熱情接待。潘教授請他住在自己的家裡，並向威尼斯的學術團體介紹伽利略。伽利略很快就開始參加這裡學術團體的活動，並成為其中的積極分子。

伽利略兩手空空地來到了威尼斯，但是，他在學術界已經有了一定的名氣。伽利略仍穿著寒酸的衣服，人們對這位年輕的學者十分敬仰，甚至以能聽到他的講演為榮，在各種舞會和音樂會上，主人們紛紛邀請這位年輕人參加，以顯示自己的身分。在這

些場合裡，伽利略不再是默默無聞的聽眾了。人們圍繞著他，聽他講著他的流體力學和他的斜塔表演。

在一次舞會中，伽利略邂逅了一個漂亮的女孩子瑪琳娜·甘巴。雖然是第一次見面，但是伽利略深深地愛上了她。她戴著白色的面紗，這是法律規定的只有貞潔的婦女才可以戴的。她的姣美、她的高雅、她的機智，已經讓人們忘了她的卑微出身。在伽利略的眼裡，甘巴的一切都是那麼完美。

經過了解，他知道甘巴只有 18 歲，住在聖索菲的一個偏僻的小街。她沒有父母，幾乎是個文盲，寄宿在一個親屬家裡，每天靠給人家干零活度日。最近受僱於潘因里教授，參與舉辦化裝舞會，恰巧與小有名氣的伽利略相遇而又相識。

伽利略遠離家鄉，來到威尼斯，沒有工作，寄住在潘因里教授家裡，與甘巴的處境極為相似。為此，兩個人很是投緣，每天都相約，在一起散步、談心，很快就成為形影不離的戀人。

有一天，伽利略向潘因里教授開口，借了一筆錢。聖誕節的早晨，商店剛開門，伽利略就跑去買了一副金耳環，作為聖誕禮物送給了甘巴。

甘巴戴上耳環，當她輕輕晃動腦袋的時候，搖曳生姿，美麗極了。

甘巴從來沒戴過金飾品。她將金耳環戴在耳垂上，找來鏡子左看右看，高興極了。伽利略看到在甘巴桃花似的面龐兩邊有一對金光閃閃的菱形耳環在前後擺動，使她增添了幾分秀氣與嫵媚，心中不禁湧起陣陣激情。他想，我有責任愛護甘巴，應當把

她打扮得比水仙花更加豔麗。

可是，過了一會兒，甘巴就把耳環摘了下來，深情地對伽利略說：「我知道，你現在生活不是很寬裕，這個東西一定是借錢買來的，以後不要再買禮物給我了。其實，我並不需要這個。」

伽利略為甘巴的善解人意感動著，他會給她寫一些詩，來表達他心中的愛情。甘巴陶醉在他的這些詩中，對於她來說，這些就已經足夠了，她並不需要那些浮華的東西。

過了幾天，經過伽利略的一些朋友的努力，伽利略被帕多瓦大學聘為數學教授，薪水是在比薩大學時的 3 倍。

伽利略飛快地將這個好消息告訴了甘巴，兩個人共同慶祝了一番。在狂喜中，他們感謝上帝的恩賜和仁慈。現在，伽利略不僅有了美麗並善解人意的愛人，而且還有了稱心如意的工作。

不久，伽利略在帕多瓦大學上任，並且在大學附近租了一套房子，將甘巴接了過去，過起了甜甜蜜蜜的生活。

伽利略和甘巴一直沒有在教堂正式舉行婚禮。其中的原因可能是甘巴的出身比較貧寒，而伽利略雖說並不富有，但他的祖上都是望族。這種等級觀念在當時是很深入人心的，祖上的榮耀會給後代的頭上戴上一層光環，是後代自豪的理由。

伽利略和甘巴相識的最初，他還是一個一文不名、默默無聞的普普通通的學者。那時候，甘巴覺得伽利略是個十分可靠的靠山，她把生活的希望寄託在了伽利略的身上，把自己的愛全部奉獻給了伽利略，希望能和伽利略白頭到老，和諧、幸福地度過一生。

　　甘巴是有眼光的，她當年就看出了伽利略的非凡之處，斷定他有朝一日定會功成名就。從這一點上來說，她的選擇是對的。

　　可是，事物是要一分為二來看的。隨著伽利略的名氣越來越大，他的事情也就越來越多、越來越忙了。幾次，伽利略回佛羅倫斯，都沒有把甘巴一起帶回去，也不對甘巴表示一點歉意或者作一丁點兒的解釋。

　　甘巴是個深明大義的人，她清楚以自己的出身想要出入宮廷，是不可能的事情。可是，次數多了，甘巴心中總是感覺到很是失落和悲傷。

　　終於，一天甘巴向伽利略提出分手，那時伽利略已經 40 多歲，並且他們有了一個兒子和兩個女兒。但是因為伽利略從來沒有要與甘巴結婚的意思，甘巴不得不考慮自己的處境，日子一天天過去，容顏一天天衰老，可是伽利略的事業卻蒸蒸日上，她覺得，她必須有一個新的打算才行。

　　甘巴告訴伽利略自己認識了一個商人，他忠厚老實，對她很好，並且願意娶她，而且她已經答應將自己的後半生託付給那個商人了。

　　聽了甘巴的話，伽利略意識到了事情的嚴重性，他這才發現，雖然甘巴依舊美麗動人，可是自己卻有很長一段時間沒有欣賞她了。

　　伽利略看到甘巴堅定的目光，知道甘巴決心已定，這件事情，已經沒有挽回的餘地了。

　　就這樣，伽利略一生中的所謂「婚姻」也好、「戀愛」也好，在他中年的時候結束了。兩個女兒暫時分別被送到了修道院，小

兒子年齡太小，便跟著甘巴一塊兒走了，伽利略每個月還會定期給他們寄一些生活費。

　　甘巴走了，屋子裡再也沒有幾個孩子的歡聲笑語了。如同剛剛來到威尼斯一樣，伽利略又是孤身一人了。伽利略有些替自己悲哀，45 歲了，他仍然連一個美好的家庭都沒有。

備受歡迎的老師

　　古老的帕多瓦大學像波隆那大學、巴黎大學、牛津大學和劍橋大學一樣，是西方重要的文化中心之一。帕多瓦大學建於 1222 年，當時波隆那大學限制學術自由，而且不能保證師生基本的公民權利，所以大批的教授和學生脫離波隆那大學建立了帕多瓦大學。

　　帕多瓦大學不是由羅馬教皇授權建立的，而是在偶然事件和當時的社會文化環境中自發成立的。13 世紀帕多瓦大學由自由公社管理，到了 14 世紀由凱勒雷斯家族接管，之後，從 15 世紀至 18 世紀由威尼斯共和國管理。

　　帕多瓦大學最初開設法學和神學課程，後來又增加了醫學、哲學、天文學、文法和修辭學。1399 年帕多瓦大學分化為兩所大學，一個主要教授民法、宗教法和神學；另一個主要教授醫學、哲學、文法、辯證法、修辭學和天文學。1813 年兩所大學又重新合併為帕多瓦大學。

　　帕多瓦大學最初是作為學生的自由團體建立的，由學生自己管理。學生們自己起草了校規，自己推選校長和選擇老師，由學生決定老師的薪資。15 世紀至 16 世紀當地政權逐漸從學生手中取得學校的管理權。

　　直到 18 世紀，帕多瓦大學才有了很大發展，其名望盛極一時。帕多瓦大學進步的哲學思想、解剖學院和醫學院以及天文學、物理學和數學等學科的發展為科學革命做出了巨大貢獻。

帕多瓦大學雲集歐洲一些著名的學者，他們的思想比較開放。

伽利略在帕多瓦大學，除了講授數學課外，還講授托勒密的天文學，另外還講授軍事建築、防禦工事、力學、日晷計時等課程。這時候的伽利略已經有些名聲了，於是，慕名而來的學生也越來越多，隨著他的名聲越來越大，教室已經容納不下前來聽課的學生了。

伽利略授課時，教室裡總是座無虛席，有時擠不下，不得不移到大禮堂或庭院中去講課。

有一天，伽利略要作一個學術報告，當他來到教室的時候，發現門口被圍得水洩不通，還排著好長的隊伍，甚至他想進去都是一件極難的事情。

同學們看到伽利略教授來了，紛紛閃出一條路來；伽利略站到了講台上，可是，他看到門口還有很多學生進不來。看來，想讓所有的學生在這個小教室聽他的課已經遠遠不行了。

最後，學校在伽利略和學生的呼籲下，換了一個能容 3000 多人同時聽課的大教室。當時沒有話筒，伽利略講課時不僅要提高嗓門，而且要前後走動。這樣，每上完一次課，伽利略都累得筋疲力盡。

妹妹維吉莉婭要出嫁了，新郎是佛羅倫斯一個官員的兒子。可是，他目前的經濟狀況不好，他要求維吉莉婭要有一份和他的身分相匹配的嫁妝。

伽利略當時所賺的錢，有一部分要用於償還父親在世時的債

務，還有一部分要寄給正在修道院的妹妹米凱蘭傑洛，還要給母親一些生活費，自己還要有一些花費。這樣一來，他的錢基本就沒有剩餘了。

於是，伽利略寫信給妹妹的未婚夫，答應他在結婚以後的一段時間裡把這筆錢準備好。

妹妹米凱蘭傑洛羨慕姐姐維吉莉婭的出嫁，於是也為自己的一份嫁妝發愁。為了安慰她，伽利略寫信給母親，讓她去安慰妹妹說：「過去的很多王后、貴婦都是到了她們可以做母親的年紀才結婚的。」

小弟米蓋，既不可靠又懶惰。有一次和母親吵了一架，便從家裡搬了出去，和哥哥一起住在帕多瓦。他以教授琵琶課來維持生活。但是，他並不熱心去找學生，所以他的學生寥寥無幾。

就是這有數的幾個學生，米蓋也沒有盡力去把他們教好，經常是幾個學生在教室裡等著老師的到來，他卻正在旁邊的酒店裡喝得酩酊大醉。後來，弟弟又要去波蘭，伽利略借了錢給他，把他送到波蘭去。在波蘭，米蓋在一個宮廷裡做音樂教師來維持生活。

過了不久，維吉莉婭的丈夫等不及了，他想得到那筆嫁妝錢。他寫信給伽利略威脅他說，如果再不給他的話，他就要透過法律途徑來解決這個問題。伽利略自然是不會讓母親和自己的妹妹受屈辱的，如果這件事情鬧到法庭上，他自己的前程肯定也要受到影響。他該怎麼辦呢？

在絕望中，伽利略想到了自己的弟弟，於是寫信給弟弟，希望弟弟能夠幫一幫他。

可是，弟弟回信說，他也剛剛結婚，而且婚禮花光了他所有的錢。他的婚禮很隆重，有 4 位外國大使前來祝賀，很是風光。他說，在今後的 30 年之內，他可能都不會攢下錢來。就這樣，弟弟把所有的責任又都推給了伽利略。

伽利略被生活的重擔壓得幾乎喘不過氣來。維吉莉婭的嫁妝錢實在讓他有點招架不了了。在無可奈何的情況下，他不得不向帕瓦多大學先預支了兩年的薪水，寄給了維吉莉婭的新郎。

此時，小妹米凱蘭傑洛也從修道院回了家。她告訴母親，她也快要結婚了，她的對象是佛羅倫斯有名的望族，所以她的嫁妝一定要比姐姐的還要豐厚才行。

為了獲得更多的薪酬，伽利略除了講課，在課外還招收一些學生，給他們補習課程。這些學生，來自法國、德國、瑞典等許多國家。有的窮苦的學生就住在伽利略家，伽利略負責他們的飯食，輔導他們的功課。這樣一來，伽利略很辛苦，不但給他們上課，還要處處關心他們的生活。

可是，伽利略樂此不疲，他喜歡與學生在一起，與他們一起交流，一起講一講歐洲各國的政治、社會、文化和風俗等。對於貧苦的學生，伽利略則更加努力照顧，因為他體會過貧寒的滋味，他知道其中的辛酸。

有一年，從佛羅倫斯來了 3 名貧苦學生進入帕多瓦大學讀書。伽利略見他們來自家鄉，備感親切，請他們到自己家中居住，並從多方面給予關照。

伽利略在課堂講課時，只看到一名學生來聽課，那兩名學生

不知到哪裡去了。伽利略回家後悄悄問甘巴。甘巴說每天早餐後，她看見3個學生都一起離開家門，到學校上課去了。

原來，在帕多瓦大學有一項嚴格規定，學生上課，必須穿戴整潔，一律穿校服，否則不准進課堂。這3名同學，因家庭經濟困難，湊錢只買了一套校服，輪流穿著去上課。另兩個學生只好在教室外旁聽。

伽利略聽了3名學生的講述，深受感動，他表揚了他們互相幫助、刻苦學習的好學風。

第二天，伽利略便拿出錢做了兩套校服送給他們，讓3個人每天一起去上課。

3個學生愛不釋手地撫摩著校服：有了這兩套衣服，他們就可以一起去上課了，就可以聽到老師的講課了。這個禮物太珍貴了。

在伽利略的學生中，有一些青年貴族，他們學習的目的是將來當軍官，迫切要求學習軍事課程。伽利略利用他掌握的數學、物理知識，給他們講授軍事建築、防禦工事、攻防規則等課程，受到這些學生的歡迎。

伽利略對軍事工程等學科並不是很熟悉，但他憑著自己的數學、物理學基礎，很快進入了角色。

伽利略將數學與物理上的一些知識和實驗應用在了軍事知識當中，創造性地開設了一些課程，引起了這些貴族青年的興趣，並且獲得了學生們的好評。

1593年，伽利略根據自己的講課內容寫成了有關理學和築城學的課程大綱，可以算是在當時歐洲大學裡的首例。

在上課的時候，伽利略還會講如何計算砲彈的軌跡給這些貴族青年們聽、如何將大砲安放在有利的位置和角度、如何精確地布防等。

伽利略告訴學生們，大砲的仰角為 45 度時，射程最遠。這在當時基本是個常識問題，但是很多人並不理解其中的原理。

伽利略利用他最擅長的實驗和數學知識，對這一問題作了詳細的解釋。

伽利略在一個桌面上斜放了一塊帶槽的小木板，他把一個小球從斜放的木板槽上從上面滾去，小球很快就滾到了桌面。由於慣性還會繼續往前滾，然後又從桌面上滾到地下。小球在離開桌面下落到地面時不是垂直下落的，而是呈拋物線下落的。

伽利略指出，當小球從桌面落下時，它在半拋物線軌道上的每一點，其中都受到了兩種力的作用，即平行向前的射力和垂直下落的引力。由於這兩種力的作用，小球在每一點上都具有兩種速度：一種是慣性作用下的平行運動速度，另一種是引力作用下的落體運動速度。這兩種速度的合成便成了一條半拋物線。

大砲的砲彈發射出去的運行軌跡都是一條全拋物線，之所以在 45 度仰角時的射程最大，是因為在這個角度時，兩種速度的合成具有最人值。這樣，伽利略就把這個有關砲彈射程仰角的問題生動形象地解釋清楚了。

伽利略的講解與分析，使那些貴族青年們大開眼界。他們對伽利略更是欽佩至極。

伽利略在帕多瓦大學任教期間，將他過去在力學方面的一些

研究進行了深入的探討和總結，不僅發現了物體的慣性定律、合力定律、單擺振動的等時性、拋體運動規律，還提出了運動的相對性原理，確定了速度以及加速度等運動學的基本概念的定義等。

伽利略證實的落體定律是，物體墜落的路程與它經歷的時間的平方成正比，而與它的重量無關。從而建立了動力學的重要基礎理論。

伽利略在進行小球沿斜坡滾動實驗時，不僅證實了落體定律，也推出了慣性定律。他認為，無限沿直線的勻速運動是不可能的，只能是沿地球表面的圓運動。因而他只承認圓慣性運動，而不承認直線慣性運動。

在拋體運動的研究方面，伽利略確立了運動的合成原理和獨立性原理，還說明了拋體運動始終是兩個運動的合成，即固有慣性運動和自由落體運動的合成，從而確立了運動的獨立性原則。

伽利略的這些實驗成果，成為經典力學中的重要組成部分，人們習慣上稱為伽利略 —— 牛頓力學。這是物理首先系統地作為實驗科學而發展起來的部門。它的第一定律就是慣性定律，其次是牛頓的第二定律和第三定律。

這是在伽利略的力學理論上經牛頓總結完善起來的經典力學的基本定律。

今天，人們對溫度計已不再陌生，因為生活中很多地方都需要溫度計，如家庭要用溫度計來測量每天的氣溫、醫生要用溫度計測量病人的體溫、糧庫要用溫度計測量所儲藏糧食的溫度等，生活中處處離不開溫度計。

伽利略在帕多瓦大學期間，除了教學研究力學之外，所做的另外一項重大的貢獻，便是發明了溫度計。

　　當時，帕多瓦大學以醫學教育出名，學校裡有許多一流的醫生，有些醫生對伽利略印象頗深，知道他的物理學很有成就，對許多問題也很有見地。因此，他們時常與伽利略一起討論問題。

　　曾經有一位經常幫伽利略看病的醫生對伽利略說：「我在看病的時候，有一件事總是讓我很為難。」

　　伽利略有些好奇地問道：「像你這樣有經驗的醫生，還有什麼疑難病症不能解決的呢？」

　　醫生說：「並不是什麼疑難病症，我是在想，病人在生病的時候，他們的血液溫度一般會升高，可我無法知道它有多高，因此很難判定病人的病情有多麼的嚴重。」

　　伽利略聞言點了點頭，之前他也是學過醫學的，知道這一點。

　　醫生接著說道：「要是有一種能測量病人血液溫度的儀器就好了，這樣我就會方便許多了。」

　　醫生的話，不由讓伽利略深深地陷入了沉思之中，於是，他決定親自動手作實驗來研究這種儀器。

　　沒有血液，伽利略就用水來代替。經過反覆的實驗，伽利略發現，水達到一定的溫度時體積就會大大增加，水冷卻時，它的體積就會縮小，這實際就是物理學上的熱脹冷縮原理。

　　有一天，為了試驗，伽利略找了一根試管，用手捏住試驗的底部，將試管的上端放入水中。他發現，手一鬆，水就會被試管吸上來了，伽利略感到非常驚訝。

伽利略反覆試了好幾次，都是這樣。他不由得恍然大悟，原來試管中的空氣也有溫度，而這溫度來自於自己的手。

伽利略又在試管上標出一道一道的刻度，又在每一刻度上標上數字，這樣，試管中的水上升，或者是下降達到某個刻度上時，這個刻度上的數字就是相應的溫度啦！

為了證明自己想法的正確性，伽利略叫來了幾個正在患病的學生，讓他們握住試管，他發現水會時高時低。由此，伽利略認為這個試管是可以測量人的體溫的，可以知道人是正常還是病態的。

伽利略找到他的那個醫生朋友，高興地對他說道：「我已經找到了測量人血液溫度的辦法了。」於是，伽利略將自己的發現對教授說了。

但是過了一段時間，教授找到伽利略說：「親愛的伽利略，你的溫度計有一個毛病，用水作為液體不盡合理，因為天冷時，水會結冰。那時如何測人的體溫，而且冬天人們還經常生病。」

於是，伽利略又實驗了許多的液體，最後，確認酒精是良好的液體，因為它冬天不會結冰。

但是由於酒精是透明的液體，不容易在試管中分辨，他就將酒精染成了紅色，這樣就很明顯了。

後來，人們發現酒精也不是很理想的液體，最後人們選擇了水銀，也就是我們現在經常使用的水銀溫度計。

伽利略的教學方法比較新穎，一些深奧的課程，他常常透過生動有趣的實驗，講得明明白白。伽利略有時還將課堂搬到碼頭

上，帶領學生觀看船舶或碼頭上的滑車、絞車、絞盤和滾筒等，向學生講述這些機器的機械原理，使學習饒有興趣。很多人都戲稱伽利略為碼頭教授。

他還帶領學生來到兵工廠，運用數學知識講述大砲的發射和砲彈運行軌跡，使學生對物理學和立體幾何學的學習更加扎實。

1593 年，伽利略來到農村。他看到農民挑水灌溉農田很吃力，於是發明了一種尺寸小、效能高的提水機械，由一匹馬就可以帶動。它將水分別送到 20 個渠道，灌溉效果非常好。當年這裡的莊稼就獲得了大豐收。

1597 年，伽利略在為一些青年貴族講課時，根據課程需要，設計了「軍用測位羅盤儀」，用來計算砲彈彈道的軌跡，使砲彈命中率提高了 3 倍。

後來，伽利略幾經研究、改造，終於使得「軍用測位羅盤儀」經過改進後不僅可以軍用還可以民用，可以用來解決當時遇到的許多應用數學問題，用處非常廣泛。

為了宣傳「軍用測位羅盤儀」，伽利略在校園內特地辦了幾次講座，向人們介紹、推薦「軍用測位羅盤儀」。

伽利略的介紹引起了許多人的興趣，尤其是那些對軍事感興趣的貴族青年，他們鼓勵伽利略將「軍用測位羅盤儀」多製造一些，賣給那些正在打仗的軍隊。

1599 年，伽利略僱用一些工匠，專門製造「軍用測位羅盤儀」。歐洲的許多國家都向帕多瓦大學寄來訂單，要求購買「軍用測位羅盤儀」。

　　沒有想到，「軍用測位羅盤儀」投入市場不到半個月就銷售一空，伽利略也因此獲得了一筆不菲的收入，緩解了當時有些窘迫的家庭經濟狀況。

終於回到了家鄉

伽利略在帕多瓦大學任教 18 年。這 18 年也是他一生中工作最繁忙、心情最舒暢、學術成就和實驗成果最豐盛的時期。伽利略教授的名氣也越來越大。

伽利略依舊經常參加潘因里教授舉辦的林賽科學院的學術活動。

在活動中，他結識了義大利著名科學家薩比和紅衣大主教貝拉明，並與他們建立了深厚的友誼。與他們的交往，對伽利略的後半生產生了重要影響。

伽利略在潘因里教授家還認識了貝拉明的朋友巴羅尼烏斯紅衣大主教。

有一次，大家坐在一起閒聊。當他們談到有些學者經常觀測星星時，有人說：「天上的事兒是由上帝主宰的，我們還是不去觀測為好。」還有人說：「天上的月亮有缺有圓，有些星星時隱時現，究竟是怎麼回事？我們認真觀測、仔細研究研究有什麼不好？」

巴羅尼烏斯紅衣大主教說：

「我支持人們探測宇宙的奧祕，因為《聖經》告訴我們如何升天堂，卻沒有說天上是怎麼回事。」

巴羅尼烏斯紅衣大主教這句話給伽利略留下了深刻印象，激起他探索天空星際奧祕的勇氣和力量。

1604 年 10 月的幾天裡，在帕多瓦城裡的人們都在惶惶不安中度過，大家都在議論著。

「天上突然出現一顆特別亮的星星，你看見沒有？」

「是啊！大家都在說這事兒呢。這是怎麼回事兒啊？」

「可是，不可能啊，新星出現的位置是人們幾千年來一直都認為永遠不可能改變的星座啊。」

「我看見了，簡直就像個小月亮。這是怎麼回事？莫非是世界末日到了？」

在當時，根據亞里斯多德的觀點，天空是永遠不應該變化的。因為天上的一切都是由完美無瑕、不可改變的物質組成的。因為天是上帝創造出來的，星辰的數目是一定的，不會多，也不會少。

原本只是一些很小的事情，但是經過人們的傳播之後，就不知道擴大了多少倍。

在那個時候，大多數帕多瓦人已經不再像遠古時候那樣崇拜太陽和月亮了。但是，他們中仍有一些人相信天上的星辰控制著人世間的萬事萬物。

所以，在那個年代，占星家這個行業一直都是很紅的。他們得為將軍們籌劃進軍的時機，還有農民播種、國王做出各種決策等，這一切的一切都要按照占星家們的意見，根據星辰指示的最佳時機來完成。

伽利略很小的時候就聽說了波蘭的科學家哥白尼，並對哥白尼研究天空的奧祕、發現地球圍繞太陽轉動的現象很感興趣。

當伽利略長大，特別是到大學任教後，他對哥白尼的日心說有了進一步的了解。每當學者們爭論地球和太陽誰是宇宙的中心時，伽利略便傾向於哥白尼的觀點。

　　教會的御用學者認為，一切天體都是地球的僕人。因此，只有在地球的周圍，才有天體圍繞著地球旋轉。伽利略的發現徹底推翻了這種謬論，為哥白尼的學說提供了有力證據。

　　當時伽利略一再邀請亞里斯多德學派的學者、教授們親自用望遠鏡來觀看月球上的山脈和木星的衛星。他們不但堅決反對拒絕觀看，而且還誣衊伽利略是個大騙子，胡說他的望遠鏡是「魔鬼的發明」。

　　這個學派有一個天文學家當時反對他說：

　　「亞里斯多德導師的書上從來就沒有講過這些東西，並且又和導師說的完全相反。例如，月亮上有山、太陽上有斑，這全是假的，因為亞里斯多德導師說過：『天體是最完美的東西。』」

　　難怪伽利略在 1610 年 8 月 19 日給德國天文學家克卜勒的信中就曾憤怒地說：

　　　　對於這些人來說，真理不用到自然界中去尋找，而是從古人的著
　　　　作中得到。

　　伽利略的發現得到了這位德國天文學家的大力支持。

　　事實上，早在伽利略之前，就已經出現了哥白尼、布魯諾等獻身天文學的偉大人物。

　　伽利略在他們的基礎上，向托勒密體系再一次發起了強有力的攻擊。這次攻擊更大地震撼了歐洲，甚至震驚了世界。

　　這次新星出現後，伽利略立刻走出戶外，親自進行觀測。經過一個星期的觀察，伽利略確認這的確就是一顆超新星。

　　所謂超新星，其實就是一種爆發規模很大的恆星。它的亮度增加約 9000 萬倍以上，所以用肉眼直接就可以看到，有時白天也能看見。

　　伽利略發現這顆新星是一顆亮度在變化的恆星，和有時出現的新星一樣，慢慢就會消失。

　　他還和當時著名的天文學家第谷、克卜勒等交換了意見。交換意見的結果是他們三人的看法是一致的。

　　伽利略告訴人們，這顆新星的出現，絕不會給世界帶來災難，請看到新星的人，不要害怕，安心生活和工作。

　　伽利略為了讓大家對這顆新星有一個更好的認識，他作了 3 次演講。在演講中，他用明顯的事實和精確的計算宣稱：

「這顆新星是一顆真正的恆星，它不是地球大氣中的某種大氣現象。這顆新星並不是真正的年輕的『新星』。其實，它們早就已經存在了，只不過很暗，沒有被人類發現而已。」

　　在公開演講之前，伽利略的一些學生和朋友都勸他不要大範圍地作宣傳，否則會得罪一些人，甚至有可能招來麻煩。因為，人們都知道亞里斯多德派勢力的強大。但是，伽利略的性格使他的學生和朋友都認識到，勸是沒用的，只是提醒他小心為好。

　　伽利略的幾次公開演講造成了效果，許多人相信了他的解釋。

　　但是，伽利略的觀點並沒有被所有人接受。比如和他共事、

曾是他的好友的帕多瓦大學的教授克雷蒙尼尼。他這次再也不能容忍伽利略的「胡說八道」了，因為這次危及了亞里斯多德的自然哲學的根本。

克雷蒙尼尼為此特意寫了一篇論文與伽利略進行論戰。

伽利略認為這是關係到自然科學生死存亡的大事，不能顧惜朋友之誼而毀掉真理。於是，伽利略也寫了一篇論文回敬克雷蒙尼尼。

但是，伽利略和克雷蒙尼尼又是好朋友，伽利略不忍心好友陷入難堪的境地。於是，他就把論文採用對話的形式進行了發表。

伽利略關於新星的 3 次演講，讓他的名字再一次被更多的人所知曉。

每次當伽利略演講的時候，教室都會被擠得水洩不通。聽眾中除了大學生以外，還有社會各界人士。許多來帕多瓦訪問的名流，都以能夠親耳聆聽伽利略的演講為榮。

在從外地來帕多瓦聽演講的學生當中，有一位叫尼克洛的年輕貴族，他是托斯卡納王宮御前大臣的兒子。當他聽了伽利略的演講之後，對伽利略崇拜至極，並且為佛羅倫斯出現了這麼優秀的學者感到無比驕傲。

尼克洛經過多方詢問，方知道伽利略原是佛羅倫斯人。於是，他在回到佛羅倫斯以後，對他的父親提起了這件事情。

尼克洛的父親聽兒子問起伽利略，想了一下，說道：「他原來是比薩大學的一名教授，因為得罪了約范尼王子被開除了。」

　　尼克洛有些興奮地說道：「是的，父親，前幾天我到威尼斯去辦事，在帕多瓦大學聽伽利略教授演講。他在當地威信很高，被看成是學識淵博的學者。真沒想到，我們佛羅倫斯，竟有這樣傑出的人才！」

　　「是啊！我們佛羅倫斯就是人才輩出的地方，過去出過達文西、米開朗基羅等，現在，又出現了這樣一位舉世聞名的數學家。這是我們佛羅倫斯人的光榮和驕傲。」

　　尼克洛有些疑惑地說道：「可是父親，既然是這樣，這麼優秀的學者現在卻在異地他鄉，難道他也要像達文西和米開朗基羅那樣客死他鄉嗎？」

　　尼克洛想了一會兒，又接著說道：「我覺得我們應該把榮譽還給佛羅倫斯，我們應該想辦法，使伽利略能夠回到佛羅倫斯來。」

　　「兒子，你說得對，應當讓伽利略教授回到佛羅倫斯來。我有機會到宮廷去說這件事。」

　　大臣同意了兒子的意見，於是，他找了個機會向托斯卡納大公夫人克麗絲蒂娜稟告了伽利略在帕多瓦大學成為歐洲聞名的科學家的情況。

　　克麗絲蒂娜聽了很是驚訝，沒想到伽利略離開佛羅倫斯幾年的時間竟然一舉成名。她立刻吩咐官員寫了一封信給伽利略，邀請他到佛羅倫斯夏宮來一趟，並且希望他教小王子科西莫使用他發明的軍用測位羅盤儀。

　　收到御前大臣的信，伽利略感到有一些意外。他是 27 歲離

開比薩大學來到威尼斯的，屈指算來，離開家鄉已經10多年了，今天家鄉有人來信請他回去，一股濃濃的思鄉之情油然而生。

這些年，父親生前的債務他都一點一點地還清了，兩個出嫁的妹妹，他也為她們分別準備了一份和她們的身分相稱的嫁妝。還有那個懶惰的、整天游手好閒的弟弟，伽利略要為他支付永遠都滿足不了的各種費用。

另外，他有自己的一大堆工作，他要花時間和精力去備課，去搞研究，去教私人學生等，雖然才40歲左右，但是伽利略已經顯得蒼老了，看起來和他的年齡不相符。

而且在當時，伽利略已經看到帕多瓦大學裡的許多資深的教授眼神中的那種仇視了。

一方面是因為伽利略取得的令世人矚目的成就令他們嫉妒，另一方面是因為伽利略取得的這些成就，有一部分是在公開地向亞里斯多德挑戰。這也是他們最不能忍受的一點。

要知道，亞里斯多德是他們的偶像，是他們一生的信仰，是他們藉以維護他們的尊嚴和在學生面前擺出姿態的根本。可是如今，這些都被伽利略否定了，這是他們最難以忍受的。

讓伽利略感到有些不安的是，這些人的勢力還不小，對於掌握著真理的少數人來說，肯定是一種危機，因為他們威脅了伽利略在帕多瓦大學的職位。

伽利略曾經去過曼托瓦公國。那是義大利北部的一個小公國，他見到了宮查格公爵，並親自教宮查格公爵學習使用軍事測量儀器。

當課程結束的時候，宮查格公爵給了伽利略一筆超過他的年薪的重賞。

伽利略至今還記得他拿到賞金時候的心情。當時，他想留在曼托瓦公國，因為可以得到更多的獎賞。

可是沒多久，伽利略就發現，曼托瓦公國實在是太小了，它的實力也不夠雄厚。所以，他們能夠給予伽利略的賞金肯定也是有限的，只有留在一個有經濟實力的大公國裡，伽利略才能長期地獲得很高的報酬。

如果能在托斯卡納宮廷裡謀到一個職位，伽利略就會有比較優厚的待遇，他就可以不再演講，也不用給私人學生授課。他可以有更多的時間去研究和發現新的問題。

對故鄉的思念，加上自己在理論上與朋友和亞里斯多德派的嚴重分歧，讓伽利略在收到大臣信函的這天晚上思緒萬千。

第二天早晨，伽利略起床後，給克麗絲蒂娜夫人回了一封信，表示暑假時回佛羅倫斯去拜見夫人和王子。

在這一年的暑假，伽利略終於回到了闊別多年的家鄉佛羅倫斯。

家鄉的一切都令他感到了熟悉和親切，他覺得佛羅倫斯比以往更加繁華美麗了。

伽利略在這裡受到了宮廷官員們的熱情接待。克麗絲蒂娜夫人在宮殿設宴款待伽利略，並對他取得的成就表示祝賀。大公夫人還贈送給他一些貴重禮品。

王子科西莫也見過了伽利略，他的父親讓他向伽利略問好。伽利略帶回一架軍用測位羅盤儀，贈送給小王子科西莫，並教他

怎樣使用羅盤儀。14 歲的小王子科西莫聰明好學，對羅盤儀很感興趣。

從宮殿出來，伽利略興沖沖地回到家裡。

母親已經好久沒有見到自己的兒子了，雖然此時伽利略已經為人父了，但是他在母親的眼裡，永遠只是她的孩子。

家鄉的親朋好友聽說伽利略在外邊成名的消息，都前來祝賀，各家先後宴請伽利略，使他難得有好好休息的時間。

這些天，伽利略一個人經常在佛羅倫斯的街頭漫步，他還去了聖‧馬可修道院。

他來到大教堂，這裡面的洗禮樓的大門曾被米開朗基羅稱讚為「美如天堂的門」，伽利略走進教堂做了一個禱告，他感謝主，在迷途之中，把他送回了佛羅倫斯。

伽利略本想在宮廷教學的，但是，大公和夫人並沒有讓他留在宮廷的意思。雖然王子科西莫曾經對他說 ：「伽利略先生，等我長大了，當上了大公，我會聘你當我的宮廷教授。」

科西莫王子的許諾，讓伽利略陷入了兩難境地，但是經過反覆的思考，伽利略感覺在威尼斯更適合自己的學術研究以及教學。而且在這個時候，伽利略也接到了帕多瓦大學的再次聘任的信函，並且這次還為他增加了薪水。

於是，暑假結束後，伽利略又匆匆趕回了威尼斯。

發明製造望遠鏡

多年來，伽利略了解外面的世界，都是靠和朋友們的書信互相交流。

1609 年 7 月的一天，伽利略接到了一位荷蘭朋友的書信。

這位荷蘭朋友也是個科學家，對實驗很感興趣。在信中，他向伽利略敘述了自己這一段時期以來所做的各種實驗和小發明。

在信的末尾，這位荷蘭朋友對伽利略說，最近，當地有一個叫利波希的商人，製造了一種特殊的鏡片，這種鏡片能看見很遠很遠的連人的肉眼都無法看見的東西，看遠處的東西就像在眼前一樣，很是神奇。每天去他的商店裡觀看這種鏡片的人有很多，他的生意也隨之火爆起來。

就在幾個月以前，利波希在立帕塞這個小城做眼鏡生意，一天他在磨鏡片的時候，忽然聽到正在隔壁工作室裡工作的小童工大聲喊叫著：「奇蹟發生了！」

利波希險些因他的喊叫聲而磨壞了鏡片，於是不滿地嚷道：「發生什麼事情了？大驚小怪的。」

「師傅，我們看到了很遠處的高樓啊！」幾個小童工突然興奮地叫嚷著。

利波希生氣極了，什麼高樓，這個小城裡面的高樓多了，值得這麼大驚小怪的嗎？於是，他大聲對兩個小童工叫道：「這難道就是你們大聲尖叫的理由嗎？你們還不好好幹活，小心我扣掉你們的薪酬。」

小童工平時如果聽到了這一句，一定會安靜下來，可是今天他們卻是從隔壁的屋子裡面興沖沖地跑了進來，大聲對利波希叫道：「師傅，您別生氣，我是從鏡片裡看到了遠處的高樓，剛才我把兩個鏡片對著光，檢查它們擦得是不是符合您的要求的時候，我從鏡片裡看見了遠處我們用眼睛也看不見的高樓啦！」

　　利波希聞言，不由也有些疑惑，但還是先訓斥了一頓兩個興奮的小童工。這才從他們的手中接過兩個鏡片，按照童工的說法將兩個鏡片互相重疊著看，果然從窗外竟然可以看到很遠的地方。

　　利波希幾乎不敢相信自己的眼睛了，大聲叫道：「上帝呀！鏡片裡的高樓彷彿就是在眼前，甚至可以清楚地看到樓上面的雕刻，還看到鐘樓旁邊的那棵樹，那棵樹上的紅色的果實。」

　　好一會兒，利波希直起身子，嚴肅地對徒弟們說：「聽著，你們可不能把這件事告訴任何人，否則，你們的命運就慘了。」

　　利波希非常聰明，而且很有商業頭腦，他很快就想到這個發現可以給他帶來意想不到的商業利益。

　　於是，在接下來的幾天裡，他對鏡片的配置做了一些改進。當他把一個凸透鏡和一個凹透鏡放在一起時，他發現透過這兩層鏡片看到的遠處的東西不僅是清晰的，而且是正立的，再也不用扭著身子、歪著腦袋看了。

　　利波希把這兩個鏡片固定在一個圓筒裡，這樣隨便舉到眼前，對準哪裡，就看哪裡。接著，利波希又把這個圓筒固定在窗前，讓市民們觀看這個奇景，並對每一個前來觀看的人收費。這個生意一直十分火爆，前來觀看的人絡繹不絕。

發明製造望遠鏡

後來，利波希製作了一個這樣的圓筒鏡，把它送給莫里斯伯爵。莫里斯伯爵非常重視這項發明，他把這個圓筒鏡展示在軍事顧問們的面前，問他們是否可以觀察敵方的船隊。

1608 年 10 月 2 日，利波希取得了這些發明的專利權，並獲得了荷蘭國會的一筆獎金，12 月 15 日的時候，他又把單筒望遠鏡改為雙筒望遠鏡，因而又獲得了一筆獎金。

伽利略從朋友的書信當中聽說這件事情後非常興奮。一直以來他都在研究物理，而且從荷蘭朋友的書信中便可以判定利波希的那個設備之所以能夠看得那麼遠，一定是與物理學中的光學有著一定的關聯，他相信自己也可以造出同樣的東西來。

於是，他寫信給那位荷蘭的朋友說，他也可以造出這樣的東西來。

為此，伽利略拜訪了科學家薩比。薩比是伽利略透過潘因里教授認識的朋友，他是威尼斯共和國的科學顧問，手頭掌握各國發明創造的資料。在薩比那裡，伽利略看到了荷蘭人發明的能看見遠處東西的「遠望的鏡片」的資料。目前這種鏡片在商店裡被作為玩具出售。

伽利略跑了幾個商店沒有買到這種玩具。拿著資料回到家裡，仔細閱讀起來。資料的大意是說用兩個磨光的鏡片，間隔一定距離，放在圓筒中，就可以將遠處的東西看清楚。

當時歐洲已經有了玻璃製品，但比較昂貴，伽利略從商店裡花高價購買了幾塊夾鼻眼鏡鏡片，將兩塊鏡片，間隔一定距離，插在鉛管中間。伸出窗外，朝遠處看了幾眼，遠處的東西和用眼

睛直接觀看沒什麼區別。

很顯然，這些鏡片需要經過特殊處理才可以成功。

這個時候，伽利略接到了荷蘭朋友的書信，朋友來信說：「你不用浪費那些工夫和時間啦！利波希已經到了威尼斯，準備把他的儀器賣給威尼斯政府。對於水上之城來說，有了它肯定就會方便很多了。到時候你就可以在威尼斯見到這個儀器啦！」

伽利略看完信後，立即給薩比寫了一封信，讓他向威尼斯的大公建議不要買荷蘭商人製造的東西，並且說自己不久也會造出同樣的儀器，無償獻給威尼斯政府。

薩比接到伽利略的信後，雖然疑惑重重，但還是去見了大公。當時，利波希正在向大公推薦他的儀器，大公面露喜色，愛不釋手，薩比一見，趕忙上前，勸阻了一番，並且告訴伽利略說他可以免費為大公製造這種儀器。

大公將信將疑，但見薩比說得比較堅決，也就沒有買利波希製造的儀器。

薩比將這件事告訴了伽利略，並且讓伽利略儘快將儀器製造出來。

但是，伽利略嘗試了幾次，都失敗了，鏡片並沒有造成任何的效果，看不到遠處的景象。

伽利略很灰心，後悔沒有買到一個「遠望的鏡片」玩具做標本，有了標本，可以拆開來，看看裡面是怎樣裝配的、鏡片究竟是什麼樣的。

伽利略將資料又反覆看了幾遍，又對照自己製作的鏡片，

認為沒什麼毛病。什麼原因呢？伽利略想了又想。他想：能將遠處景物放大的關鍵在鏡片，如果將兩塊鏡片分別磨製一下怎麼樣？

伽利略將兩塊鏡片，一塊磨成平凸形，一塊磨成平凹形。磨好後分別插在鉛管中，調好了距離，伸出窗外朝遠處望去。

奇蹟終於發生了，他終於看到了遠處的鐘樓。但是所有的景物卻都是顛倒著的，鐘樓的樓尖竟然是衝著地下的。

但是，這已經讓伽利略非常高興了。他給薩比寫信，說他的實驗馬上就要成功了，並且已經可以看到遠處的景象了。

過了幾天，伽利略又對鏡片的磨製加以改進，用一個凸透鏡片和一個凹透鏡片配在一起，再進行觀測，不僅能看清楚遠處的鐘樓和大樹，而且鐘樓和大樹不再顛倒，塔尖和樹尖已刺向藍天。

1609 年 8 月 4 日，伽利略利用一根鋁管和一個凹透鏡片、一個凸透鏡片，在調好兩個鏡片的距離之後，製造出了一架倍率為 3 的望遠鏡。他立即向威尼斯政府通報，他已經能夠製造出望遠鏡了，所以不必理會荷蘭商人的「技術祕密」。

隨後，伽利略又成功地製造出了倍率為 9 的望遠鏡。他把望遠鏡帶到威尼斯，安置在聖馬克廣場的塔樓的頂層。這處塔樓是威尼斯最高的建築物，在這兒，人可以看到天上和陸地上的景物。

前來參觀伽利略望遠鏡的威尼斯共和國官員、富紳和學者們紛紛來到望遠鏡前一飽眼福。

大家都不由驚訝不已，有人說以後要告訴夫人們，在家裡洗澡的話，可千萬不能再打開窗戶了，大家不由哄然大笑。

　　一位威尼斯的元老興奮地說：「諸位，我十分光榮地指出，在人類的歷史上，威尼斯又寫下了光輝的一頁。」

　　元老揚了揚眉毛，繼續說：「諸位，在諸位歡慶之餘，是否要利用這項發明？」

　　「利用在什麼地方呢？」有人在考慮著。

　　「我想，如果把它運用在戰爭中，那麼，我們就可以比敵人早兩個小時看見他們的船隻和數量，我們可以知道他們的實力，可以知道他們正在駛往的方向，從而制訂有效的行動計劃。」

　　這位元老的話贏來了一陣熱烈的掌聲，接著就是沒完沒了的喝彩聲、祝賀聲。

　　其實，伽利略的初衷，並不是要將望遠鏡的用途發揮在戰場上，但他對這些已經無能為力了。

　　過了數日，共和國政府檢察長兼帕多瓦大學校長普瑞烏里代表政府收下這架望遠鏡，並在召開校務會議時決定，聘請伽利略為終身教授，年薪從 500 弗羅林金幣增加到 1,000 弗羅林金幣。

　　伽利略高興極了，寫信告訴了母親。母親欣慰地說：「要是他的父親也能看到伽利略今天的成就，那他該多高興啊！」

　　伽利略後來在著名的《星際信使》中寫下瞭望遠鏡發現的歷程。

　　伽利略寫道：

　　10 個月以前，我聽說某位荷蘭商人製造成一種望遠鏡，利用它

可使遠離雙眼的有形物體變得清晰可辨，猶如近在眼前。

這個消息傳開後，一些人相信，一些人不相信。不久，一位荷蘭朋友來信向我證實了這件事情。這個消息使我也想製造同樣的儀器，為此，我著手研究這種儀器的原理並考察製造的環境。

後來，我依據折射理論很快掌握了這種鏡子的要點，我就開始製造鉛質鏡筒，在鏡筒兩端安裝兩塊光學鏡片。

兩個鏡片一面是平坦的，另一面則一片是凸的，另一片是凹的。把眼睛朝凹鏡片看去，我看到的物體比雙眼直接看到的彷彿近 3 倍、大 10 倍。

此後，我把鏡筒做得更精密，透過它看到的物體，可放大到 60 倍。

後來，我不吝惜人力和材料精益求精，把我製成的儀器完善到透過它去看實物，它們比自然地看到的實物幾乎要大 1000 倍、近 30 倍。

這種儀器無論用在陸上，或是用在海上，都十分方便。

伽利略發明望遠鏡以後，在威尼斯引起極大反響，有人曾化名為薩西出版了一本小冊子，否認伽利略在製造望遠鏡中的功勞。

伽利略在 1623 年寫了一本名叫「考察者」的小冊子詳細敘述了這件事。

伽利略寫道 ：

有人說，光學鏡筒做出來後，我已經得到了確切的消息，沒有這個消息，我會什麼都發明不出來。對於這一點，我真不知道說什

麼好。

說實在話，荷蘭來的訊息激起了我研究這種鏡子的願望，從這個意義上說，確實是訊息幫了我的忙。

如果沒有聽到訊息，也許我什麼時候都不會去思考這件事情，這種說法應該是準確的。

但除此以外，我不知道這個訊息對發明還能造成其他什麼作用。

不但如此，我還相信，解決別人已經解決了的問題，是一個比解決別人不曾想到和不曾提到的問題更困難的事情，因為有時機遇能起巨大的作用，靈感能使一切都順理成章。

現在我們確實知道，第一個發明望遠鏡的那個荷蘭人是一個製造常用眼鏡的普通工匠。他在翻尋各種不同品種的玻璃片時，偶然透過兩片玻璃（一片凸的、一片凹的）去看，並讓眼睛同玻璃片離各種不同的距離去看，一下子他看到並觀測出較遠的物體出現在眼前的效果，他就是這樣發明瞭望遠鏡儀器的。

我則受上述訊息的啟發，經過深思熟慮才製成這種儀器的。

下面我說一下發明這個儀器的過程和原理。

這個產品包含一片或多片玻璃。一片玻璃不夠，因為玻璃的形狀或者是凸的（即中間比較厚），或者是凹的（即中間比較薄），或者是以兩個平行面為界的（即平面玻璃），可是平面玻璃根本不能改變物體的形狀，凹玻璃會縮小物體，凸玻璃雖然會放大物體，卻會使物體形象模糊、發生畸變，因此為了獲得望遠的效果，使用任何一種玻璃都是不夠的。

　　後來，我改變主意試用兩種玻璃。我知道，如前面已講過的，用平面玻璃什麼也沒有改變，就是把其餘兩種玻璃的任何一種和平面玻璃組裝使用也都得不出所希望的結果。

　　因此，我不再用平面玻璃，而是用其餘兩種玻璃組裝，結果我看到了我追求的效果。

　　在這條發現的道路上，我所獲悉的荷蘭訊息結果雖然證實，卻並沒有給我帶來任何幫助。

　　如果有人還是認為，確信別人做出來的成果曾大大地減輕了我探索獲得有效的方法之苦的話，那就希望他們讀一讀歷史，看看古希臘科學家阿爾錫達思是如何發明飛鴿的，或看看阿基米德是怎樣發明能夠照亮遠處的反射鏡的。我還希望他們研究其他一些令人驚奇的機器是怎樣發明出來的。

　　說具體一點，伽利略發明製造望遠鏡的目的實際上是為了觀測天象、觀測遙遠星空的奧祕。

月亮上的新發現

有瞭望遠鏡之後，伽利略自幼養成在晚上觀察天空的興趣更是有增無減了。

1609 年 11 月底，伽利略製造出能放大 20 倍的望遠鏡。他經過觀測遠處的景物，確定倍率沒有誤差之後，忽然想起來，回佛羅倫斯探親時，小妹米凱蘭傑洛用望遠鏡看月亮時說月亮上有山峰的事兒。

當他用倍率為 9 的望遠鏡看時，沒有什麼確切的發現。當伽利略成功地研製出倍率為 20 的望遠鏡時，他相信，情形必將有所不同。

一天晚上，伽利略登上了頂層的觀察室。圓盤般的月亮，點綴在黑幕一般的夜空上。月光輕柔地灑向人間，似乎在安慰地球上所有有著不幸的人們，讓他們在月光的懷抱裡暫時放下重重心事，靜靜地休息一會兒。

月光也似乎在祝福著所有的情人，讓他們在月光下看到愛人美麗的臉龐。

伽利略把望遠鏡放到合適的位置，開始向月亮看去。

平常用眼睛經常看到天上的月亮只是個明亮的圓盤，在望遠鏡中看到的月亮，邊緣呈鋸齒形，中間有些地方顯得陰暗，有些地方則特別明亮。

伽利略不由感到怪異，在想發亮的地方是什麼東西？難道真像小妹米凱蘭傑洛所說的是山峰、陰暗的地方是峽谷？伽利略

一連觀測了 3 天，但始終不能確定那些陰暗的地方究竟是什麼東西。

這一天，正當伽利略觀測興致很濃的時候，他的好友沙格列陀恰好來看望他。聽到伽利略的僕人說伽利略還在頂層「觀看月亮」，沙格列陀不由說道：「伽利略有關節炎，這麼冷的天，你應該勸他停止觀察呀！」

僕人有些委屈地說道：「沙格列陀先生，您有所不知，剛才我也上去過了，給他送件厚衣服，可是還沒等我說話，他就讓我出去。」

沙格列陀心中有些不解，憑他對伽利略的了解，伽利略一定是有了什麼重大發現，否則他也不會這麼晚了還在工作。於是，他向僕人要了件厚衣服，到頂層去看望伽利略。

沙格列陀是帕多瓦大學的數學教授，個子矮小，能言善辯。他和伽利略是朋友也是同行，也愛好天文學。最近聽說伽利略成功研製瞭望遠鏡，就三天兩頭往伽利略家裡跑。

伽利略一看是沙格列陀來了，便高興地叫道：「我正在觀測月亮，你快來看看，月亮上面都是些什麼東西？」

沙格列陀俯下身，透過望遠鏡，看了好一會兒，低聲說：「月亮的邊緣好像是不規則的，凸凸凹凹有點兒像鋸齒。有亮點，有暗影，好像有些高低不平。」

「你怎樣解釋那些明亮的地方？」伽利略向好朋友詢問著。

沙格列陀也有些迷惑地說道：「我說不清楚是什麼。」

「我看是山，太陽照到它們就會閃閃發亮，照不到的地方，一

片黑暗。那些連在一起的亮點，就是山脈。」

伽利略看著好朋友驚訝的神情，繼續說道：「那是一些巍峨挺拔的高山，就像地球上的高山一樣。它們本身沒有光芒，可是，當太陽照亮它們的時候，它們就會像黃金一樣發亮。而剛才我們所看見的光點匯成一片，其實那就是一條一條的山脈，是一條山脈在反射太陽光。」

「不可能是山！這和兩千年來天文學所說的完全不同。」沙格列陀不由地爭論著。

「那又怎麼樣！我知道這種說法和亞里斯多德老先生說的完全相反，可是，科學是要以事實為依據的，現在，我們用眼睛看到的真真切切的事實，我們為什麼不能去相信呢？」

「在月亮上，亮的地方是山，暗的地方是峽谷，下這樣的結論，為時過早。我看，還是堅持亞里斯多德的觀點為好：月亮是個光滑美麗永遠不變的圓球，是絕對完美的天體。」

「不，不。」伽利略繼續跟朋友爭辯著，「我說月亮上有山峰，還有峽谷，不光是看到上面有亮點、有暗影，你再仔細看看，在一個大亮點的旁邊有一條黑影，隨著月亮的不斷升空，那條黑影也在移動。就和我們地球一樣，太陽照到阿爾卑斯山，陽面發出亮光，陰面出現黑影。地球在轉動，黑影也移動。」

「照你這麼說，地球和月亮一樣，不是成了雙胞胎了嗎？都是天空中的星球？」沙格列陀感到驚詫至極，但是他依舊繼續說道：「你的說法，在理論上行不通，亞里斯多德說，地球是宇宙的中心。太陽、月亮、星星都在圍繞著地球運轉。地球怎麼能像

月亮一樣成為一顆星呢？」

「事實勝於雄辯。你再看，我們看到的是不圓的月亮。欠缺的那個邊，顯得有些灰暗。那是太陽照不到的地方，但是那個邊也發光。」

兩個人說著，對準望遠鏡又抬頭看了好一會兒天空中明亮的月亮，伽利略這才繼續說道：「我對著月亮已經觀測半天了，早就看到月亮缺損的地方在發出亮光，這個亮光是哪兒來的呢？那就是地球照射出的光。」

沙格列陀聞言，正要大聲辯駁。伽利略卻仍在繼續闡述著自己的觀點：「我知道地球自身不會發光，但是，它和月亮一樣，都是反射太陽的光。夜晚的月亮為什麼明亮？那是太陽照射的結果，如果夜晚從月亮上看地球，地球也是明亮的。」

沙格列陀沉吟了好一會兒，這才說道：「照你這樣說，地球和月亮簡直沒什麼區別了！」接著，抬起頭嚴肅地對伽利略說道：「請不要忘記，9 年前布魯諾正是因為堅持這麼說才被活活燒死的。」

沙格列陀的話，不僅讓伽利略想起了布魯諾，而且也想起了古羅馬詩人奧維德寫的《變形記》中《阿克泰翁偷看黛安娜入浴》的神話。

傳說，有一天獵人阿克泰翁在基龍山區的森林裡狩獵的時候，由於太陽照射十分強烈，所以人間的溫度很高，阿克泰翁有點兒疲憊了。他看了看自己的獵物已經不算少了，於是想找個陰涼的地方睡一會兒。

阿克泰翁走啊走，突然，他覺得一陣清涼的風吹來，其間還摻雜著一些水草的清香。不一會兒，他便發現了一片湖。

　　阿克泰翁高興地飛奔起來，這時候，清涼的湖水正是他所需要的，可是，阿克泰翁還沒有意識到，他已經闖進了月亮女神黛安娜的聖林。

　　阿克泰翁來到湖邊，捧起一捧湖水來解渴，忽然看見遠處有一個美麗的女孩正在湖水裡洗澡。阿克泰翁被她的美麗驚呆了，他雙手捧著僅僅剩下的空氣，目不轉睛地盯著她看。

　　這個女孩兒就是月亮女神黛安娜，黛安娜抬起頭，一眼便看見了站在那兒發呆的阿克泰翁，她嚇壞了。

　　黛安娜看到阿克泰翁並沒有因此而轉身離去，而是依舊站在湖邊看著湖水裡的她，不由震怒了，她從湖裡舀起一杯水，猛地噴灑到阿克泰翁的頭上和臉上，並十分憤怒地說：「如果有本事的話，那就去告訴大家，你都看到了些什麼！」

　　阿克泰翁這才醒過神來，他感到一陣恐懼，於是轉頭就跑，健步如飛。

　　過了不久，阿克泰翁這時候還不知道自己的頭上已經慢慢長出了一對犄角，耳朵也在慢慢地變得又尖又長，漸漸地，阿克泰翁的奔跑姿勢變了，他的兩隻手著地了，他的手臂變成前腿、雙手變成蹄子了。更可怕的是，他的身上還長出了帶有斑紋的皮毛。

　　阿克泰翁已經不是人了，他被月亮女神黛安娜變成了一隻鹿！在河邊，阿克泰翁看到自己的樣子，不禁悲從中來。他想張

開嘴巴，可嘴巴僵硬得像一塊石頭，他發不出聲音來。

正當阿克泰翁悲泣之時，一群獵狗向他衝來，儘管他拚命地奔跑，但還是被兇猛的獵狗團團圍住，鋒利的牙齒插入了阿克泰翁的血肉之軀。

伽利略想到這裡，禁不住打了一個寒戰。當伽利略再次抬頭去看月亮的時候，他感覺月亮是那麼溫柔、那麼迷人，怎麼會對人類抱有惡意呢？而且，這只是一個傳說的神話故事而已，雖然布魯諾的遭遇讓他心中有些不安，但他還是相信自己的眼睛，相信事實。

沙格列陀見伽利略陷入了沉思，語重心長地說道：「你這樣說是有風險的，我擔心教會要找你的麻煩！」

伽利略激動地說：「事實就是事實，我絕不去說謊，我看到了月亮上有山脈和大量的環形山。我認為，天和地之間是沒有區別的。透過今天對月亮的觀測，可以說《聖經》上說的天已經不存在了，我們應當記住這個日子！」

之後，伽利略根據山峰的陰影估計出了山脈的高度，他把這些觀察結果都記在了他的《對話》中，並且在日記中寫道：「我斷定，月亮表面不平滑，絕不像很多哲學家所說的那樣是個完美的球形。相反，它表層起伏不平，到處是山峰和溝壑，如同地球上的高山深谷一樣。」

宇宙的最新發現

伽利略把他對月亮的一些新發現告訴了一些朋友和學生。

然而，伽利略很快覺察到周圍的一些人，尤其是一些哲學家，對他的發現嗤之以鼻。

伽利略覺得這些人真是固執至極，於是決定讓他們親自去看一看，以驗證事實。

可是，那些哲學家就是不肯去看，雖然有些哲學家在望遠鏡裡看到了月亮，可是在他們眼裡看到的卻是不一樣的情景。

他們依舊固執且一致認為，月亮表面是光滑的球體，它的表面覆蓋著一層透明的晶體，在這層晶體下面才是伽利略看到的群山的一些東西。

1610 年 1 月 7 日，深夜 1 點鐘，伽利略再一次站在樓頂，用他最新製成的倍率為 30 的望遠鏡認真地觀測起天體來。

他將夜空中的繁星瀏覽一遍之後，他發現原來只有六七顆星的金牛星座，現在卻看到了 36 顆星球；在獵戶星座，原來只能見到 37 顆星球，現在竟然可以看到 80 多顆。

然後伽利略又觀察了銀河的一部分。他發現那裡是密密麻麻的數不清的星團，都是由大量的恆星組成的。

最後，他將鏡頭落在了木星上。

他發現，今天看到的木星跟以往見到的木星不一樣。

今晚的木星顯得有些奇怪，它不僅特別明亮，而且在它身旁

還有 3 顆小星，雖然很小，卻依舊很明亮。這是過去觀測木星時從來沒有看到過的現象。

天空中只出現了木星和土星兩顆亮星。由於土星的位置太低，所以在日落後的一個半小時，它就達到了地平線上，而且幾乎已經看不到了。這時，只剩下木星高高懸掛於東方的天幕上。

於是，伽利略連續幾天都一直在觀察著木星。

第二天晚上，伽利略又看到了那 3 顆小星，但是，它們的位置卻變了。這 3 顆小星都到了木星的西側，而且相互間的距離縮小了很多。

伽利略認為，這 3 顆小星有可能就是恆星，因它們距離地球比較遠，所以看起來顯得特別小。

而木星是行星，是它在 3 顆小恆星前面移動。

伽利略頭一天看到的是它移動到 3 顆小恆星中間，東邊兩顆、西邊 1 顆。第二天，木星就移動到了 3 顆小恆星的東邊。

第三天夜晚，空中多雲，伽利略什麼都沒有看到。

第四天晚上，木星周圍只有兩顆小星出現，而且都在木星的東側。

第五天夜晚，天氣晴朗，萬里無雲。伽利略支好望遠鏡朝木星方向望去，又看到一個新的排列。小恆星變成了兩顆，木星還是在東邊。

伽利略想，行星應當朝一個方向移動，木星自西向東，移到 3 顆小恆星東邊是對的，但僅隔兩天，不可能又折回來。這是怎麼回事呢？

伽利略恍然大悟，是這3顆小星球移動了！它們不是恆星，而是環繞木星運轉的3個「月亮」。3顆小星變成了兩顆，必定是有1顆藏在木星的後面。

　　第六天晚上，還是3顆小星，1顆在西側，兩顆在東側，而且似乎不是原來的那3顆了。

　　第七天晚上，木星周圍出現了4顆小星，東邊有1顆，而西邊有3顆。

　　第九天晚上，這4顆星都在西邊，而且幾乎在同一條直線上。

　　過了幾天，伽利略又朝木星方向觀測，又出現新的天象。木星在中間，東邊1顆，西邊3顆小星。伽利略感到非常驚訝。難道木星的衛星有4顆嗎？

　　又經過幾次精心觀測，伽利略已經斷定，木星有4顆衛星，它們像地球上的月亮一樣，緊緊環繞著木星在宇宙中運行。

　　伽利略的發現又在哲學家中遭到了保守派的強烈反對，他們仍然大肆地攻擊伽利略的發現。

　　他們說，伽利略違背了亞里斯多德和托勒密的地心說，是擁護哥白尼的太陽為中心的邪說。

　　還有人說，伽利略的發現與《聖經》的教義背道而馳，是在否認教廷早就肯定了的真理。

　　伽利略極力反駁說：「亞里斯多德也是十分盼望發現真理的，如果當年他們能夠用我的望遠鏡觀察宇宙，一定會改變他們的觀點。」

但是，伽利略說發現天上還有 4 顆遊星，把遊星說成是 11 顆，是違反世界事物的常識，也是完全荒謬和錯誤的！

在佛羅倫斯有一個貴族，他因為攻擊伽利略而出了名。

他提出在 7 個遊星當中，它們分別是兩個代表善良的星、兩個代表不吉祥的星、兩個代表領導的星，還有一個好壞不定的星，並且說伽利略發現的木星有 4 顆衛星不是用肉眼所能看見的，離地球很遠很遠，因此它們對人類來講毫無用處，就等於它們不存在。

1610 年 3 月，伽利略為了說服不相信木星有 4 顆衛星的人，和對星空常識一無所知的人，他將近期用望遠鏡觀察天體的所見所感，整理成文，撰寫成了一本小冊子，書名叫「星際信使」。

《星際信使》出版後，第一次印刷 500 冊，幾天內便銷售一空。

一時間，在歐洲的大城市裡，人們大談伽利略、天文望遠鏡。

月亮上有山脈、木星還有 4 顆衛星等，街談巷議，好不熱鬧。

更有甚者，乾脆來到了威尼斯，要求購買伽利略發明的天文望遠鏡，好親自過一把認識天空的癮。

為了滿足那些好奇者的心願，伽利略不得不趕緊製造天文望遠鏡來滿足求購者的需要。

伽利略想，若想使他的發現得到社會的承認，不僅要說服一些反對者，更重要的是要說服天文學家和教皇的專家，只要得到

他們的相信和支持，他在宮廷中才有威信，才能得到皇室和大臣們的尊重。

伽利略首先說服的是在布拉格任職的大天文學家克卜勒。《星際信使》一出版，伽利略就寄給他一冊。

克卜勒讀後很高興，給伽利略回信說他聽到有關伽利略令人難以置信的發現後，欣喜若狂，而這也解決了他以前所遇到的一些問題。

克卜勒還在信中承認了自己以前出版的《宇宙的奧祕》一書中有關行星的敘述是完全錯誤的。

伽利略說服的另一個人是羅馬耶穌會會士暨教皇的首席天文學家克里斯托佛‧克拉維斯神父，他是義大利最受尊敬的專家。

之前，當克里斯托佛‧克拉維斯聽說伽利略發現4顆衛星時，他曾大加嘲笑，並斷言，必是有人事先把4顆小星裝進瞭望遠鏡中，否則伽利略怎麼能用此儀器看到？

伽利略寄去一封信給克里斯托佛‧克拉維斯，送給他一冊《星際信使》，還贈送給他一架望遠鏡。

克里斯托佛‧克拉維斯學識淵博，為人正直。他仔細閱讀了《星際信使》，並用望遠鏡觀測了木星，真真切切地看到了圍繞木星運轉的4顆衛星。他在羅馬教皇面前大加讚賞伽利略。

與此同時，伽利略所在的帕多瓦大學也沸騰了，談《星際信使》，論月亮和木星，成為校園內的一大景觀。校方也覺得應讓伽利略專門就此開辦演講。

伽利略只得再擠出時間舉辦演講，先後共辦了3場，聽眾來自四面八方，不僅有帕多瓦大學的，也有其他大學的。

伽利略的發現驚動了整個義大利。許多科學家和進步人士紛紛給他寫信，熱情地讚揚伽利略取得的偉大成就，並且頌揚伽利略是「天上的哥倫布」。

人們稱讚說，哥倫布當初發現了新大陸，而今伽利略發現了新宇宙，這是義大利人的光榮和驕傲。

按照慣例，伽利略有權為他發現的新星命名。

讓伽利略高興的是，木星的衛星恰好是 4 顆，這是一個吉祥的數字，因為科西墨大公恰好是兄弟 4 人。為了日後能到佛羅倫斯宮廷去任職，伽利略決定，把這 4 顆衛星命名為「麥地奇星群」。

再次回到家鄉

伽利略的發現引起威尼斯大公的注意，他親自寫信表示祝賀，並派人送來了禮物以示獎賞。

伽利略本來想將這 4 顆發現星球命名為「科西莫星」，但是有朋友說，4 顆星叫一個名字不好，不如就叫做「麥地奇星群」，為 4 個王子冠名。

伽利略想，這 4 顆星有了顯赫的名字，即使反對者也要再三斟酌，因為攻擊這 4 顆星就是攻擊麥地奇家族。

在托斯卡納宮廷還為此召開了會議，他們對伽利略的發現表示肯定，並且同意了 4 顆星的命名，獎勵給伽利略價值 400 弗羅林金幣的金項鏈，鏈子下面還繫著一枚大公勛章。

1609 年，當年的小科西莫王子已經長成人，並且於這一年繼位了，被稱為托斯卡納大公科西墨二世。

伽利略還記得當年這位小王子對自己說等他繼位了，會聘請伽利略來做他的宮廷教授。

現在，科西莫果真當上了大公，於是伽利略重回佛羅倫斯的想法被重新喚起了。

對於伽利略來說，生活的重擔一直都沒能擺脫掉，所以，他的很多選擇都必須以能夠繼續給自己、給家人帶來安穩的生活為前提。

現在，是他回到佛羅倫斯的一個好機會。當年在科西莫還是王子的時候，伽利略就給他寫過一封信。在信中伽利略表示了對王子的敬意。

伽利略說，任何一位統治者都需要幾個忠實而又有才幹的侍從，而他將是忠實可靠的一名僕人，並因此表示，他寧願接受王子的使喚而不願找其他的主人，因為在他看來，王子的態度溫和、天性仁慈，使得任何人都願意為他效命。

伽利略給王子寫的信，在現在看來，可能是有些阿諛奉承和卑躬屈膝，其實，在當時的義大利的書信往來中，這只是一種規範和一種習慣，大家都以這種語言來表示對對方的尊重和敬仰，既然是一種習慣、一種約定俗成的東西，當時的人並未感到這是一種低三下四的語氣。

於是，伽利略就讓托斯卡納宮廷裡的一位大臣給科西莫帶了一封長信，再次表示了他想到宮廷任職的願望。

但是，沒過多久，就因為與女朋友甘巴鬧分手的事情而耽擱了。

這次，伽利略因為發現麥地奇星群而揚名整個歐洲，也一下子引起了托斯卡納宮廷的注意。

1610 年，伽利略收到了托斯卡納宮廷祕書的信，在信中傳達了科西莫大公的意思，如果伽利略回到佛羅倫斯，他可以有兩個工作。一個是比薩大學首建的數學教授，另一個是擔任托斯卡納宮廷哲學及數學顧問。

這兩個職位都讓伽利略感到高興，因為比薩大學的職位使他有了足夠的面子，18 年前他被比薩大學冷冰冰地解了職，如今

能風風光光地回去，當然是人生的一大快事。宮廷顧問的職位可以使他薪水不少而自由機動的時間很多，而且他還有權仲裁科學爭端。

在這段時間，伽利略一直未中斷用望遠鏡對天空進行觀測。

伽利略先後發現了土星的兩邊各有一道美麗的光環，他猜想那光環可能是土星的衛星，因為這光環處於將要閉合時期。但是，伽利略未能出肯定的判斷。

其實，土星的光環並不是土星的衛星，土星的光環確實是存在的，整個結論是在半個世紀之後由荷蘭科學家惠更斯透過 3 次細緻的觀察和比較後得出的。

克里斯蒂安·惠更斯是荷蘭物理學家、天文學家、數學家，他是介於伽利略與牛頓之間的一位重要的物理學先驅，是歷史上最著名的物理學家之一。

惠更斯對力學的發展和光學的研究都有傑出的貢獻，在數學和天文學方面也有卓越的成就，是近代自然科學的一位重要的開拓者。他建立向心力定律，提出動量守恆原理，並改進了計時器。

惠更斯於1629年4月14日出生於海牙，父親是大臣和詩人，與笛卡兒等學界名流交往甚密。惠更斯自幼聰慧，13歲時曾自制一部車床，表現出很強的動手能力。

在阿基米德等人的著作及笛卡兒等人的直接影響下，惠更斯致力於力學、光波學、天文學及數學的研究。

惠更斯善於把科學實踐和理論研究結合起來，透徹地解決問題，因此在擺鐘的發明、天文儀器的設計、彈性體碰撞和光的波

動理論等方面都有突出成就。

1663 年惠更斯被聘為英國皇家學會第一個外國會員，1666年剛成立的法國皇家科學院選他為院士。

惠更斯在天文學方面有著很大的貢獻。他設計製造的光學和天文儀器精巧超群，如磨製了透鏡，改進瞭望遠鏡，用它發現了土星光環等，並且他還改進了顯微鏡，惠更斯目鏡至今仍然被採用，還有「空中望遠鏡」、展示星空的「行星機器」等也被採用。

惠更斯把大量的精力放在了研製和改進光學儀器上。當惠更斯還在荷蘭的時候，就曾和他的哥哥一起以前所未有的精度成功地設計和磨製出瞭望遠鏡的透鏡，進而改良了克卜勒的望遠鏡。

惠更斯利用自己研製的望遠鏡進行了大量的天文觀測。因此，他得到的報酬是解開了一個由來已久的天文學之謎。

伽利略曾透過望遠鏡觀察過土星，他發現了「土星耳朵」，後來又發現了土星的「耳朵」消失了。

伽利略之後的科學家對此問題也進行過研究，但都未得要領。「土星怪現象」成為天文學上的一個謎。

當惠更斯將自己改良的望遠鏡對準這顆行星時，他發現了在土星的旁邊有一個薄而平的圓環，而且它很傾向於地球公轉的軌道平面。

伽利略發現的土星的「耳朵」消失了，是由於土星的環有時候看上去呈線狀。以後惠更斯又發現了土星的衛星土衛六，並且還觀測到了獵戶座星雲、火星極冠等。

在這期間，伽利略還發現了銀河是由無數的小星星組成的光帶，而在伽利略之前，人們對於銀河一直都是一無所知的。

另外，據後來的一些天文學家考證，伽利略可能在當時還觀察到了海王星，但是他把海王星誤認作恆星一類的天體而放棄了對它的繼續研究。

如今，伽利略的名氣已經越來越大了。並且接到佛羅倫斯宮廷的書信後，非常高興。他的朋友卻提出了不同的觀點。

其中，伽利略的朋友沙格列陀聽說伽利略打算回佛羅倫斯，急急忙忙來找伽利略。

他甚至說伽利略去佛羅倫斯就是走上了一條非常可怕的道路。

他認為，宮廷裡有權勢的人不會讓一個知道真理，並且與亞里斯多德理論相違背的人到處自由活動的。

他認為只有在威尼斯才會有言論自由、有公平進步的科技，但是在佛羅倫斯就不一樣了，在那裡伽利略一定會受到教廷的打擊的。

沙格列陀真誠地說道：「親愛的伽利略，當你用望遠鏡望向天空的時候，我彷彿看見你就站在熊熊的烈火中，我似乎都已經聞到了燒焦了的人肉味！請你三思而行吧！」

但是，伽利略告訴自己的好朋友沙格列陀，他已經都準備好了，並且已經向帕多瓦大學提出了辭職。只要佛羅倫斯接受我，我就回去。

還有一位朋友也為伽利略的這項決定擔心，他專程來到伽利略的家裡勸說伽利略。

他告訴伽利略，在科學問題上，伽利略是我們這個時代最偉大的智者，可是在其他許多方面，伽利略卻單純得像個小孩子。

再次回到家鄉

　　他告訴伽利略，伽利略在帕多瓦享受了 18 年的自由，那是因為威尼斯的統治者對羅馬教皇的權勢無所畏懼，而且，他會在伽利略需要的時候挺身而出，為您抗拒加在您頭上的「冒犯上帝」的帽子。

　　伽利略的內心震動了一下，他又想起了烈火中的布魯諾的結果。但是，伽利略依舊堅持，說道：「那裡是我的家鄉，而且，我在那兒會有更多的時間進行研究，而不必忙於授課。」

　　父親曾經的教誨讓伽利略記憶猶新，無論怎麼樣，都要把自己的榮譽留在佛羅倫斯。況且，科西莫大公對他如此信任和厚愛，他應該回去！

　　伽利略告訴朋友：「在佛羅倫斯，科西莫大公會保護我的，他誠摯地希望我能回去。」

　　朋友極力反對，叫道：「不要說科西莫大公，整個托斯卡納宮廷都是直接受羅馬教會控制的。」

　　伽利略卻笑著說道：「我想我可以在必要的時候親自去羅馬解釋我的新發現。雖然我在威尼斯的這些年過得很快樂，但是我一直都在想唸著我的家鄉。」

　　最終，朋友們的勸阻沒有能夠挽留住伽利略。

　　1610 年的秋季，伽利略離開了威尼斯，離開了兒子文森佐，回到了佛羅倫斯。

天文學的新發現

1610 年 9 月 12 日，伽利略終於回到了佛羅倫斯，秋高氣爽，陽光明媚，把他心中的陰霾一掃而空。

他信步走在佛羅倫斯的街頭，看見了迎風招展的白楊、讓人心醉的天空、雕像林立的廣場、恬靜幽雅的教堂、成群結隊的白羊、飛跑的馬車，他發現這個城市更加美麗動人。

伽利略的衣錦還鄉，讓他受到了前所未有的迎接。比薩大學裡的學生把他當作神明一般敬仰，昔日的敵對者，似乎也都離開了學校。現任的老師們都對伽利略尊崇備至，當他講解他的新發明的時候，宮廷官員和科學家們都會洗耳恭聽。

讓伽利略感到安慰的是蒙特主教送了他一幅鑲有珍珠的圖畫和一封寫得十分誠摯的信，作為對伽利略贈予的望遠鏡的回報。而且，羅馬學院的很多教授也開始承認木星周圍有 4 顆衛星是確鑿無疑的。

愛嘮叨的母親滿臉堆笑地歡迎兒子回到家鄉。兩個出嫁的妹妹，領著丈夫來看望哥哥，顯得殷勤、有禮貌。弟弟已經結婚，領著妻子也來歡迎大哥。這一切都讓已經 46 歲的伽利略感到心滿意足。

伽利略回到家鄉，一切安排就緒，心情逐漸安定後，就去了宮廷任職。

科西莫大公是個極其喜歡新思想的人，所以他的宮廷裡有不少在當時許多領域有影響、有貢獻的科學家。伽利略的幾何啟蒙

老師里奇就是科西莫大公的宮廷數學家之一。能當上宮廷科學家在當時也是許多科學家夢寐以求的事情。所以，自從里奇去世之後，伽利略就一直想做宮廷裡的數學家。

在做宮廷數學家和哲學家的同時，伽利略沒忘記，也沒有放棄對天象的觀測，並且又開始對星空進行更深入、更仔細的觀測。

伽利略的學生卡斯特利寫信給他，建議伽利略抓緊時間觀察金星，因為如果哥白尼的主張是正確的，那麼金星就應該是繞日而行，那麼，金星就一定會有盈虧。於是，伽利略開始研究金星。

金星是太陽系的行星之一，按離太陽遠近的次序計為第二顆，是大行星中離地球最近的一顆。中國古代把金星叫做太白星，早晨出現在東方時叫啟明星，晚上出現在西方時叫長庚星。

伽利略過去用望遠鏡觀測過金星，給他留下的印象，金星是一顆很亮的星。

一天晚上，伽利略先看了一會兒金星，金星依舊是亮亮的，分外耀目。然後他順便把鏡頭移向土星。發現土星的外貌很奇特，星球的東、西兩邊各有兩個斑點，好像是兩個衛星。這一發現使伽利略很興奮，以為在發現木星有 4 顆衛星之後，又發現了土星有兩顆衛星。

可是過了兩天，繼續觀測，發現土星的兩個斑點消失了。令他很失望，於是不得不把鏡頭又對準金星。這時，伽利略發現金星缺了一個邊，就像不圓的月亮。

一連兩個星期的觀察，伽利略得到了結果，他發現金星的盈虧規律。金星不但和月亮一樣，在形狀上可以由滿月而變為蛾眉月，而且光亮也會時而有增長和消退之分，它的外圓半徑也會大小相異。

　　這一觀測充分說明，金星不是繞地球運轉而是繞太陽運轉，從而徹底打破了亞里斯多德和托勒密的以地球為中心的天體理論，證實了哥白尼的日心說是絕對正確的。

　　亞里斯多德學派的人曾經說 ：「如果各行星真是繞著太陽旋轉，那麼它們就該像月亮一樣有盈有虧，而現在沒有，所以哥白尼的學說是無稽之談。」

　　伽利略的發現，無疑又是一個重大的發現。當時的人們普遍認為地球是靜止的，處於宇宙的中心，太陽、月亮和其他的行星都是繞著地球在旋轉的。這就是人人皆知的「地心說」，即以地球為宇宙中心的學說。現在看來，這種理論雖然是錯誤的，但是在當時卻被奉為真理。

　　地心說是長期盛行於古代歐洲的宇宙學說。

　　最初由古希臘學者歐多克斯提出，經亞里斯多德完善，又為托勒密進一步發展。在 16 世紀日心說創立之前的 1000 多年中，地心說一直占統治地位。

　　亞里斯多德的地心說認為，宇宙是一個有限的球體，分為天地兩層，地球位於宇宙中心，所以日月圍繞地球運行，物體總是落向地面。

　　托勒密認為，地球處於宇宙中心靜止不動。從地球向外，依次有月球、水星、金星、太陽、火星、木星和土星，在各自的圓

軌道上繞地球運轉。其中，行星的運動要比太陽、月球複雜些。行星在本輪上運動，而本輪又沿均輪繞地球運行。在太陽、月球行星之外，是鑲嵌著所有恆星的天球恆星天。再外面，是推動天體運動的原動力。

地心說是世界上第一個行星體系模型。儘管它把地球當作宇宙中心是錯誤的，然而它的歷史功績不應抹殺。地心說承認地球是「球形」的，並把行星從恆星中區別出來，著眼於探索和揭示行星的運動規律，這代表著人類對宇宙認識的一大進步。

地心說最重要的成就是運用數學計算行星的運行，托勒密還第一次提出「運行軌道」的概念，設計出了一個本輪均輪模型。按照這個模型，人們能夠對行星的運動進行定量計算，推測行星所在的位置，這是一個了不起的創造。

在一定時期裡，依據這個模型可以在一定程度上正確地預測天象，因而在生產實踐中也起過一定的作用。

地心說中的本輪均輪模型，畢竟是托勒密根據有限的觀察資料拼湊出來的，他是透過人為地規定本輪、均輪的大小及行星運行速度，才使這個模型和實測結果取得一致。

但是，到了中世紀後期，隨著觀察儀器的不斷改進，行星位置和運動的測量越來越精確，觀測到的行星實際位置同這個模型的計算結果的偏差，就逐漸顯露出來了。

信奉地心說的人們並沒有認識到這是由於地心說本身的錯誤造成的，卻用增加本輪的辦法來補救地心說。

到了 16 世紀，哥白尼在持日心地動觀的古希臘先輩和同時代學者的基礎上，終於創立了日心說。從此，地心說便逐漸被淘汰。

伽利略認為，這一發現事關重大，必須儘快向大天文學家克卜勒通告，以便申明他是金星盈虧的首次發現者。

為了謹慎起見，伽利略用一種類似於密碼的文字，向遠在布拉格的克卜勒寫信道：「愛神的母親模仿戴安娜的面容。」

這句話，看似很難懂，後來人們才破解了當時的謎底。愛神的母親即指金星，戴安娜即指月亮，模仿面容就是改變形狀。意思是金星像月亮一樣可以改變面貌，有時是圓的，有時呈蛾眉形。

克卜勒對伽利略的發現給予肯定，並回信表示祝賀。還鼓勵他繼續觀測，爭取獲得更多的成果。

伽利略在對幾個行星進行了觀測之後，又把鏡頭對準了太陽，對太陽表面的黑點進行了認真仔細的觀察。

太陽上面有黑點，伽利略曾經用肉眼看到過。這個黑點是什麼東西？這在伽利略心中始終是個謎。

透過用望遠鏡對太陽上黑點的長期觀察，黑點是由太陽表面上的某種現象引起的，應當稱其為黑子。黑子的形狀很少變化，但它在太陽的表面慢慢移動。看到黑子在運動，伽利略推斷，太陽是繞自身的軸線在不停地運動。

伽利略認為黑子是太陽表面的某種現象引起的，由黑子的運動，就可以推斷出太陽是繞自身的軸線在運動的。這一點對於亞里斯多德學派的人來說更是不可容忍的，他們堅持認為太陽是完美無缺的。

太陽神阿波羅象徵著光明，阿波羅是音樂與詩歌之神、是醫藥之神、是航海保護之神、是銀弓之神等。總之，人類將所有美

好的光環都加在這位太陽神的身上，它的光輝普照著大地。而如今，伽利略卻說它的上面有黑子，還說太陽也和其他行星一樣自轉。這讓他們感覺到荒唐至極。

在佛羅倫斯期間，伽利略更加努力地從事科學研究工作，雖然研究實驗工作是一件十分艱苦和勞心費神的事情，他的身體狀況也明顯地不如從前了，但他的心情卻是十分愉悅。

對於一位科學家來說，能讓他進行自己心愛的研究實驗，能讓他將自己的才能更好地發揮出來，這比讓他天天吃得好、穿得好，舒舒服服享清福要強得多。

伽利略像個年輕人一樣，不分晝夜地工作著。1613 年，他發表了《關於太陽黑子的信札》。

在這封信中，伽利略以嚴謹的論證、犀利的筆鋒，明確指出太陽和地球都在旋轉，地球不但繞著太陽旋轉，而且還在繞著自己的軸線自轉，從而論證了哥白尼「日心說」的正確性和托勒密「地心說」的錯誤。

由於這些內容具有鮮明的哥白尼特點，所論證的結論直接威脅到宗教神學的基礎，這就給了一直對伽利略心懷妒忌、伺機報復的亞里斯多德學派的衛道士們一個進行攻擊的口實。

如果說過去伽利略的發明和實驗只是對宗教神學有所冒犯的話，那還都是一些不甚明了的事情，比薩斜塔的實驗只不過是證明了亞里斯多德的一個結論的錯誤，打破了人們對亞里斯多德的迷信；望遠鏡的發明也不過是向人們提供了一個進行天文觀測的工具，從客觀上為哥白尼日心說的正確性提供了論證。這一切

都是在科學實驗發明的基礎上產生的副產品，只是在客觀上對宗教神學構成了威脅，還沒鮮明地站出來向宗教神學挑戰。

那時向伽利略發難的只是些死死抱著亞里斯多德信條不放的大學教授和學者們，他們所能進行的也只是諸如施妖術、行巫法、異教徒等人身攻擊和謾罵。

但是，這次大不相同，教會人士親自出馬，他們對伽利略毫不掩飾自己觀點的做法十分憤怒，向教會控告伽利略宣傳異端邪說，玷汙了天主。「禍兮福所倚，福兮禍所伏。」科學研究成就與聲望日盛的伽利略從此開始了他多災多難的與宗教神學頑強抗爭的路途。

這年冬季，伽利略接到了羅馬教會一位天文學家神父寄來的信件，邀請他訪問羅馬教廷。於是，伽利略準備動身前往羅馬，將他獲得的最新天文學成果展示給教廷和天文學同行。

輝煌的羅馬之行

　　羅馬位於義大利半島南北方向。亞平寧山脈把義大利半島分成了東、西兩部分，亞平寧山脈旁邊有一條台伯河，羅馬位於台伯河流入地中海的海拔最低 30 公里處。

　　羅馬位於台伯河下游的丘陵平原上，古城居北，新城在南。羅馬教廷所在地梵蒂岡位於古城區西北角。羅馬古城酷似一座巨型的露天歷史博物館。

　　在羅馬古都遺址上，轟立著帝國元老院、凱旋門、紀功柱、萬神殿和大競技場等世界聞名的古蹟，這裡還有文藝復興時期的許多精美的建築和藝術精品。

　　羅馬是當時義大利的政治、宗教中心，羅馬教廷是義大利最有權威的教會組織，教皇在社會上具有最高的地位，擁有絕對無上的權力。

　　隨著伽利略對天文學等方面的研究取得了巨大進展，教會充分認識到伽利略的發現證實了哥白尼的地動和天體運動學說，這是與宗教觀點背道而馳的。雖然這期間他們同伽利略也進行過論戰，但是並沒有占到什麼便宜。他們在等待對付伽利略的更好的時機，並開始收集證明伽利略為異端者的資料。

　　伽利略覺得他有必要去一趟羅馬了。他必須獲取羅馬教會的認可。

　　羅馬學院裡的一些教授們已經認可了哥白尼日心說的正確

性，所以，現在，他應該聽從克里斯托佛‧克拉維斯神父的建議親自拜見教皇和他的主教們，讓他們用自己的眼睛去看到伽利略所說的一切。

而且，伽利略這次羅馬之行還有一個更重要的目的，就是讓羅馬教會的權威們知道，並且相信他是一個忠貞的天主教徒。

於是，1611 年 3 月，伽利略啟程來到了羅馬。

伽利略在 1587 年，曾經來過羅馬。那時，他正處在失業狀態，到處找工作，沒有心情去欣賞這座城市的風光。

這次來羅馬的心情卻大不一樣，他是托斯卡納宮廷的首席科學家，又是被教廷學者正式邀請來的。為此，伽利略想，我應當多花些時間來參觀一下人人嚮往的羅馬城。

在一個春光燦爛的日子裡，伽利略身穿刺繡的長袍，頸上帶著一條科西莫大公贈送的純金項鏈，在教廷科學家克里斯托佛‧克拉維斯神父的陪同下進入羅馬城。

伽利略不得不稱讚羅馬的美麗和富麗堂皇，觸目即是教堂、雕塑和噴泉，羅馬是以這「三多」而聞名的。

伽利略看了遍布城市各地的教堂。有聖彼得大教堂、聖約翰大教堂、聖保羅大教堂、聖瑪麗大教堂，還有阿涅塞教堂、聖考司坦薩教堂等。這些教堂的建築風格，都顯得古樸典雅、雄偉壯觀。

伽利略還看到了數不清的雕刻。有圓柱廣場大理石上的浮雕、教堂建築物上的米開朗基羅雕刻的裸體群像，以及街頭巷尾、房前屋頂各式各樣的雕刻，使伽利略大開眼界。

輝煌的羅馬之行

伽利略參觀市容之後，參加了教廷主辦的歡迎宴，會上會見了紅衣大主教貝拉明和學識淵博的大主教巴伯瑞德。

貝拉明和巴伯瑞德是羅馬教廷中兩位舉足輕重的學者，他們都曾經發表過譴責伽利略的文章，對伽利略觀測星空的幾項發現很有看法。

當他們聽了伽利略的講演，用伽利略帶來的望遠鏡觀測了星空，看到了月亮上確實有山脈、木星有 4 顆衛星、金星有盈虧之後，都對伽利略改變了看法，表達了友好、敬佩之情。

主教們和伽利略一起進行了天文科學的討論，他們都伸出友誼之手，答應給予伽利略支持，雖然其中有的人並沒有讀過《星際信使》，但是由於受巴伯瑞德主教的影響，對這本書也多有讚揚。

更讓伽利略感到振奮的是，羅馬教皇保羅五世親自接見了他。雖然場面並不是很隆重和熱鬧，但這位世界上最有權勢的教皇卻對伽利略表現出了一些關愛。他詢問了這位當時世界上最有智慧的人的生活和近來的研究情況。

保羅五世很聰明，他並不直接干涉科學方面的事情，而是把這些交給職位不是很高但學識淵博的官員去處理。

伽利略很欣賞這種處理科學問題的方法。這次羅馬之行，伽利略並沒有感到科學對他的新發現的任何排斥的跡象。

伽利略在羅馬期間，外國使節、豪門貴族和著名學者紛紛宴請他。

在宴會上，伽利略旁徵博引，左右逢源，談笑風生，詼諧幽默，使羅馬上層社會看到了來自佛羅倫斯的博學多才的宮廷首席

科學家的真實面貌。

在所有這些宴會中，羅馬貴族塞西公爵家的宴會令伽利略終生難忘。塞西公爵拿出窖藏幾十年的美酒，擺上豐盛的佳餚，請來羅馬市內有權有勢的貴賓，宴請伽利略。

塞西公爵興趣很濃，說他邀請的是一位在茫茫宇宙當中不斷發現新星的偉大科學家，以前有個叫做哥倫布的乘船發現了新大陸，今天伽利略用他的「寶杖」發現了月亮上的山脈。

發現麥地奇星群，發現了金星的盈虧，發現了太陽黑子，大家都為伽利略而感到驕傲。他稱伽利略發明的望遠鏡為「寶杖」。

「寶杖」一詞不禁讓伽利略內心歡欣鼓舞。只有國王才有寶杖啊！現在伽利略也有了「寶杖」。他也是國王，他的王國是天空。

當時，羅馬有一個由著名學者組成的著名教會學院 —— 羅馬山貓學院。他們主要研討數學、天文學等學術問題，負責集資、公開演講、贊助出版學術著作等，在歐洲影響很大，也很有聲望。

山貓學院聽說伽利略來到羅馬的消息後，就邀請伽利略加入他們的學院。

伽利略很高興地接受了邀請，並引以為榮。這個學院到 1630 年因贊助人去世、會員流散而隨之解體。

但是，在伽利略加入期間的 1611 年，羅馬山貓學院顯得很活躍，在歐洲學術界也很有影響。

受到教廷的處罰

回到佛羅倫斯的伽利略，繼續投入到了他的研究當中。

一次，薩爾維亞蒂請伽利略去參加一個關於流體靜力學的「凝縮」與「稀釋」問題的討論會，這是亞里斯多德學派和原子論者之間古已有之的一個基本問題的爭論。

伽利略在討論會上說，冰塊之所以能浮在水面上，是因為冰比水輕，而與冰的形狀毫無關係。伽利略把冰稱為「稀釋的水」，並做出了令人驚訝的結論：「熱脹冷縮是一般物質都要遵守的原理，但是，水是僅有的例外。」

比薩的一位哲學教授格拉茲里立刻表示反對，他說：「冰不是稀釋的水，而是凝縮的水。它能浮在水面上，是冰的形狀使然，而不是冰比水輕，水也是絕對遵守熱脹冷縮原理的。這是古希臘大科學家亞里斯多德關於流體靜力學的觀點，也是人人都知道的常識。」

關於物質的比重和水的浮力問題，伽利略在 25 年前在家自學時就進行過研究，並認真讀了古希臘數學家阿基米德關於浮體原理的著作。曾經製成一架測定比重的秤，把物體浸入水中時用來測量它們的比重。因此，關於浮冰的話題，伽利略始終堅持自己的觀點。

伽利略因為這件事情又遭到了擁戴亞里斯多德理論的哲學家們的憎恨。而且，他們採取了一些非科學爭論的手段來制服對手。

格拉茲里把自己和伽利略之間的這場爭論告訴了朋友科隆貝，因為伽利略曾經批評和反駁過科隆貝的「科學」見解，一次是他撰寫了一本關於新星的書，伽利略評論他的書是憑空想像，沒有仔細觀測過星空的實際情況，毫無價值。另一次是他發表了一篇文章，說月亮上沒有山和谷，而是表面上有一層光滑的晶體。這一觀點，也被伽利略駁得無話可說。

　　因而，科隆貝一直對此心存芥蒂、耿耿於懷。這次，他要向伽利略發起「進攻」了。

　　科隆貝用烏木做了兩件東西，一件是烏木薄片，另一件是烏木球。當他把這兩件東西同時放在水面上的時候，兩件東西有了不一樣的反應。烏木球迅速下沉了，而烏木薄片卻浮在水面上。科隆貝挑釁般地聲稱：「伽利略先生老是自以為是，讓他看到我的實驗，他將如何解釋呢？我的實驗充分說明了伽利略的觀點是錯誤的。實際上，形狀才是漂浮的原因，而且是唯一的原因。」

　　科西莫大公知道伽利略捲入了這場爭論後，認為伽利略不是一般的科學家而是宮廷科學家，覺得這件事情有損宮廷的威望，於是，他召見伽利略，勸他不必與他們展開公開爭論，而把自己的觀點整理一下寫成一本書，以便就浮體問題說服那些持不同觀點的學者。

　　於是，伽利略整理資料寫了一本《關於水中浮沉性質的對話》。

　　書中肯定了阿基米德的浮體定律的正確性，即固體物質的漂浮取決於物體的比重，而不取決於它的形狀。伽利略請讀者作一

個小實驗，把一個蠟球浸入純水中，球自然沉入水底，再把純水變成一定比重的鹽水，蠟球就會漂浮在水面上。這就證明，物體的密度只有小於某種液體，這種物體才會漂浮在這種液體之上。

至於科隆貝的烏木實驗，伽利略說，烏木的密度顯然比水大。烏木板之所以能浮在水面上，是因為木板是處於水面上的一個空穴之中，如果將烏木板用力按入水中，必然和烏木球一樣下沉。

這本書在 1612 年出版以後，立即被搶購一空。

許多讀者在開始的時候都覺得伽利略的說法有些違背「常識」，但讀了這本書之後，尤其是按照伽利略設計的實驗親手操作之後，人們開始信服伽利略的觀點了。

因為有了浮體之爭，不被人們重視的流體靜力學的研究逐漸被重視，很快就有了進一步的發展。

但是，仍有一些哲學家不顧事實，也出了一本書來長篇大論地攻擊伽利略。凡是伽利略說的話，他們一律加以駁斥，大有不徹底打倒伽利略誓不罷休的架勢。

令伽利略感到不安的是這些攻擊者中逐漸有了科學家的參與。

科隆貝教授在浮體之爭中敗下陣來以後很不服氣。過去他曾經被伽利略批評羞辱過兩次，加上這一次，更使他懷恨在心。他想，在物理學方面找出破綻攻擊伽利略似乎很困難，不如把矛頭指向天文學，揭露伽利略在星空觀測方面與《聖經》的矛盾，引起教會的關注，這樣，伽利略的日子恐怕就不會好過了。

1613 年，托斯卡納宮廷舉辦晚宴，招待一些著名的學者和科學家。伽利略因故沒有出席，在宴席當中，科隆貝告訴了科西莫二世的母親克麗絲蒂娜，近幾年來伽利略散布地球圍著太陽運轉的邪說。這種邪說不但違背《聖經》的教義，而且還想把 1000 多年來亞里斯多德的「地心說」推翻，這件事情非常嚴重。

克麗絲蒂娜 10 多年前就認識伽利略，她認為伽利略很聰明，博學多才，憨厚又實在。自從伽利略贈送給科西莫王子一架望遠鏡之後，她曾多次用望遠鏡觀看遠處的海島、月亮上的山脈和 4 顆麥地奇星群。她很欣賞伽利略教授這些新奇的發現，但沒想到這些發現還會與《聖經》有矛盾。

克麗絲蒂娜拿不准伽利略是否散布了邪說，於是在宴席散後詢問了伽利略的一位學生。

這位學生，告訴克麗絲蒂娜，伽利略教授主張的天文學說，與《聖經》並不矛盾。天文學是認識宇宙和上帝的科學，《聖經》也是用來認識宇宙和上帝的，但它是神學，它們是通往宇宙和上帝的兩條大道。有了天文學才能確定《聖經》所描述的內容是否真實可信，它們是相輔相成、缺一不可的兩種學說。

伽利略知道這件事情後，為了申明自己的觀點，向攻擊他的學者們進行反擊，他精心撰寫了一篇文章，以《致卡斯特利的信》為標題，公開發表。後來又將這篇文章充實、潤色改寫成《致克麗絲蒂娜的信》後正式出版發行。

在這篇文章裡，伽利略認為，由於科學所從事的是觀察、測量某些控制自然現象的一般條件，而宗教則完全沉浸於道德和美

學價值的玄思中，科學可以看見宗教看不見的東西，而宗教的教義當然也有科學沒有涉及的內容。雙方不僅沒有矛盾、衝突，而且可以相互補充，攜起手來，達到認識宇宙的共同目的。

伽利略的這封公開信，不僅說服了托斯卡納大公科西莫二世和他的母親克麗絲蒂娜，而且也說服了宮廷中對伽利略的天文學說持懷疑和反對態度的一些人。

就在這一年，德國耶穌教會教士沙伊納寫了一本關於太陽黑子的書，他把這本書寄給了德國奧格斯堡的史學家威塞爾。隨即，威塞爾以阿佩爾斯為筆名發表了沙伊納的書，他還送了一本書給伽利略。

伽利略看了這本書後非常生氣。無恥的沙伊納居然聲稱自己是第一個發現太陽黑子的人。而且，他還用亞里斯多德的學說來解釋太陽黑子，說二者是相互融合、相互支持的。

伽利略捍衛真理的決心是堅定的，在掌握了確鑿的觀察數據之後，他寫了 3 封《關於太陽黑子的信》，在林賽學會的贊助下，於 1613 年在羅馬結集出版了。在林賽學會的一再堅持下，伽利略在前言中聲明他對太陽黑子的發現擁有優先權。

其實，伽利略對這一聲明並不喜歡，因為在他發現黑子的時候，據說英法等國家也有學者注意到了太陽黑子的存在，伽利略關心的只是學術問題，而不是優先權歸誰所有，他不希望因為這個問題而節外生枝，又引起爭吵。

伽利略在《關於太陽黑子的信》的附錄裡依然大膽而明確地宣稱他相信並支持哥白尼的觀點。

伽利略的這次公開表態使他成為「眾矢之的」。敵對勢力立刻聚集起來，打著《聖經》神聖不可侵犯的幌子，形成了反對伽利略的強大勢力，向伽利略再次發起了挑戰。

有一個名叫卡西尼的修士，他得到了一份伽利略《致卡斯特利的信》的手抄本。他轉抄了一份，改動了幾處，把它祕密送交佛羅倫斯教會。

就在這時，羅馬教會對伽利略也不像 1611 年時那樣熱情了，他們已經開始監視伽利略的一舉一動。

1614 年 12 月，卡西尼來到佛羅倫斯的一所教堂布道，公開指責伽利略的信徒們，他宣稱：「哥白尼的學說是不符合天主教信仰的，因為它的許多地方與《聖經》相違背，因此是異端邪說。」

1615 年 3 月 20 日，卡西尼又祕密來到羅馬，向宗教裁判所遞交告密書，他在告密書中寫道：「我向神聖法庭報告，伽利略提出了從神學角度看是與教父們解釋的《聖經》相矛盾的觀點。他認為地球每天自轉一週，而太陽是靜止不動的。」

伽利略很快就知道有人向羅馬宗教法庭密告他的消息，他的心中很不安。伽利略自以為是一個極虔誠的教徒，在宗教法庭的紅衣主教會議上，伽利略的信被宣讀了。他覺得應該說服教廷和一些學者，為他的天體研究留下一塊自由空間，而不必受教廷的束縛。

於是，伽利略給他的朋友紅衣大主教貝拉明發了信，詢問教廷的態度，並求得他的幫助。羅馬教廷的克里斯托佛・克拉維斯

神父已於 1612 年去世，伽利略失去了一位能夠幫助他、替他說話的人。

如今，只能依靠貝拉明了。紅衣大主教貝拉明回信說，教皇保羅五世接到密告之後很生氣，下令由宗教法庭調查他的一些學術觀點，決定要教訓一下伽利略。希望伽利略能到羅馬來一趟，面見教皇，或許能使矛盾緩和一些。

於是，1615 年 12 月，伽利略第三次去了羅馬。

伽利略到羅馬拜見教廷中的幾位重要的紅衣大主教，讓他們了解科隆貝集團和洛里尼修士對他的攻擊是毫無道理的。他對天體的觀測、擁護哥白尼的日心說和《聖經》的教義並非是不能並存的。

伽利略在羅馬活動了兩個月，他從早到晚，積極地遊說，從教廷到市民凡是他遇見的人，都被他說服了。但教皇保羅五世始終沒有接見他。

1616 年 2 月 24 日，宗教裁判所宣布了兩條禁令 ：第一，禁止宣揚太陽是宇宙的中心，而且紋絲不動 ；第二，禁止宣揚地球既不是宇宙的中心，也不是不動的，而是在做整體和週期的運動。

這兩條很清楚地告訴伽利略，地球環繞太陽運行的觀點是愚蠢而荒謬的，從哲學上和形式上看都屬於異端邪說，因為這種觀點與《聖經》的教義相牴觸。希望伽利略放棄他的觀點。如果他堅持，教廷就要干預。今後希望伽利略可以用數學假設的形式來觀測天體，不必為哥白尼的觀點公開辯護。

為科學著書立說

在佛羅倫斯南郊的一座小山上有一幢白色宮殿式二層小樓。登上二樓平台可以俯瞰佛羅倫斯城。樓下是一個約 3 米見方的小花園，院子裡種有奇花異草，中間是一條用石子鋪成的小路。

這就是阿聖翠山莊別墅，是伽利略從帕多瓦回到佛羅倫斯後，科西莫大公賜給他的住宅。

伽利略在羅馬受到教廷的警告，悶悶不樂地回到佛羅倫斯阿聖翠山莊。

在這裡，伽利略每天白天看看書、種植花草，到了夜間就繼續觀測星空，研究金星、木星和水星的運行週期變化，生活過得十分平靜。

這一年，伽利略 52 歲。母親已經去世，只有他一個人和僕人在一起生活，很是孤獨。他的兩個女兒先後被送入了修道院。

伽利略遷居佛羅倫斯，兩個女兒離開自己的母親，改由伽利略的母親照管。

伽利略的母親原來就不能容忍兒子這樁未經教堂儀式淨化的婚姻，而現在隨著歲月增長，她變得更加專制、跋扈，動不動就發脾氣，使人不堪忍受。

這兩個非婚生而又缺乏嫁妝的女兒不能指望出嫁，唯一的出路就是進修道院。伽利略希望女兒們進佛羅倫斯的修道院，他不想和女兒們完全分離。

法令規定姐妹倆不許進同一個修道院，修道院不接受 16 歲以下的姑娘。而伽利略的兩個女兒小的只有 10 歲，大的也才 11 歲。

伽利略為了女兒能進修道院，以剝奪教職相威脅，才迫使女修道院長同意預留兩個名額。

兩年後，1613 年秋，姐妹倆就以見習女修士的名義進入了佛羅倫斯的聖馬特聖方濟女修道院。聖馬特聖方濟女修道院位於佛羅倫斯郊區。

小女兒利維亞與父親的關係似乎不那麼親密，每次她見到伽利略，總是簡單地打聲招呼，然後就會藉口有事而離開。

長女塞萊斯特和父親的感情很好，經常陪父親聊聊天，安慰父親。

伽利略對兩個女兒當修女，心情很複雜。她們終身為修女，決心把一切交給主，使他很放心。

然而，她們的青春年華這樣白白逝去，他心裡很不安。

所以，他常常去噓寒問暖，給她們送些食品，自己也算得到些許慰藉。

弟弟米蓋在慕尼黑安了家，娶了一個德國妻子，有了一兒一女。他們一家四口常常到阿聖翠山莊住些時日。

弟弟的兒子在花園裡胡鬧，把伽利略最喜歡的幾顆花幾乎是連根拔起，而弟弟的女兒的好奇心也讓伽利略心驚膽顫，她會在伽利略外出的時候，趁機把他的書房搞得一塌糊塗。弟弟的傭人堅持在廚房裡做外國菜，把伽利略的管家氣走了。

伽利略想和弟媳溝通一下，制止這種可怕的破壞，可是語言不通，伽利略只會講義大利語，而弟媳只會講德語。

伽利略無可奈何，便只好常常外出，到離家不遠的修道院去看兩個女兒。

這個時候，伽利略才想到有個家庭多麼重要，若是沒有了兩個女兒在身邊，他不知道將如何去度過這段艱難的日子。

1614 年，伽利略住在一位威尼斯朋友薩爾維亞蒂的豪華別墅裡。後來薩爾維亞蒂過世，他便在貝羅斯納多附近租了一處住房。

僕人們把糧食、水果、鮮花從貝羅斯納多送到阿切特里，又把修補過的伽利略的襯衣和修道院釀製的蜜餞從阿切特里送到貝羅斯納多，而書信則在兩地相互傳遞。

小女兒身體不好，沒有與父親通信。大女兒塞萊斯特的書信中有少數幾處談到了她，說她的面容蒼白、飲食不好。塞萊斯特在修道院的藥房和醫院裡工作，還負責糧食供應。她一有時間就給父親寫信談自己的日常生活，並幫助父親縫補衣服。

除此以外，她還充當父親的有實無名的祕書，幫父親從文獻上摘錄一些資料，一切就緒後，僕人就把這位少女用清秀筆跡寫給伽利略的信和別人給伽利略的信，以及她的詳細的報告和短札帶回貝羅斯納多。

伽利略也常常給塞萊斯特寫信，有時天天都寫。塞萊斯特則是有時間就回信。

1623 年 8 月，塞萊斯特寫道：

我細心保存著您寫給我的書信，一有空閒，我就拿出來一讀再讀。這是我最大的快樂。您可以想像，當我讀著那些卓越人物寫給您的信，看到他們對您懷著那麼大的敬意時，我是多麼高興！

伽利略這位大思想家在科學探索達到頂峰之時的 9 年內寫給他的長女瑪麗婭‧塞萊斯特的書信，是他的內心世界裡最有價值的訊息來源。

1623 年 8 月，巴貝里尼成為教皇烏爾班八世。伽利略寫信給女兒，叫她謄寫自己致巴貝里尼的信，也談了自己的想法。

瑪麗婭‧塞萊斯特勸他立刻去見教皇。伽利略卻解釋這樣做有困難。

塞萊斯特在一次信裡抱怨自己不懂修道院外的情況。其他信件有的談到修女的伙食不好；有的談到送到貝羅斯納多的蜜餞水果是從修道院花園中採摘來的；有的談到忠誠的女兒為伽利略漿洗的襯衣；有的還訴說妹妹身體不好，有的更擔心父親的健康狀況，因為這些年和以後的時期，伽利略一直有病在身；有的還抱怨長期的離別之苦。這些內容在書信中交替出現。

1623 年秋，伽利略準備動身去羅馬。他和塞西親王通信，希望他改變對哥白尼學說的看法。伽利略順便把自己的願望告訴長女塞萊斯特，並把從羅馬來的幾封贊成他的學說的信寄給女兒看。

塞萊斯特看信後立即給她父親回信：

父親，您能夠想像得到，讀了您給我的信後，我是多麼愉快啊！
您把這些老爺先生們的讚美之詞告訴我，這是愛的又一次表現，
它使我滿心歡喜。

可您說最近將啟程去羅馬，這使我的心情又有些沉重，因為這意味著，我又會在很長時間內看不到您。當我說，除了您以外，再沒有什麼人能給我安慰時，您的仁慈可以使您相信我的話是誠實的。

不過，我不會因為您的遠行而感到憂愁和煩惱，因為如果這樣做，等於我對您高興的事表示不滿。因此，我懇求上帝賜福於您，祝您旅途平安，身體健康，然後心滿意足地回來。

1623 年 11 月，塞萊斯特寫信給父親，希望父親把剛剛出版的《試金天平》送她一本，她很想讀它。塞萊斯特接著又說，寒潮突然襲來，她擔心它會傷害父親的健康，因此，特意寫信，盼望父親把健康狀況和動身去羅馬的時間告訴她。

她還說，她已幫父親縫製好桌上的餐巾，另外還缺少點材料，請給她捎來。信裡還談到住在院裡的妹妹的生活情況。塞萊斯特在修道院裡沒有單獨的臥室。一位女伴迪阿曼塔撇開原有的姐妹和她同住一室。不過這間房子非常冷，而且她又常常頭痛，所以她不知道如果父親不給予幫助、不把他眼下不用的帳子送給她，她怎能在那兒住下去。

她覺得自己身體不好，但已經習以為常，所以不求父親更大的關注。只是妹妹還在醫院接受醫生治療。

塞萊斯特送給父親自己在幾天前烤制的一些食品，她希望在父親動身之前，能夠收到這些禮物。

只是，去羅馬的日期還沒有到，塞萊斯特擔心這些烤製品會變得不好吃。信末，她請父親把那件襯衣的小領子交給她修補。

伽利略接到信後要女兒告訴他，修道院需要什麼東西，他好在羅馬設法買回來。

為科學著書立說

塞萊斯特在 1623 年 12 月 10 日的信中說：

前幾天您寫的那封信，給我很大的鼓舞，我原以為能再見面時直
接回答您的問題。可是由於天氣不好您沒能前來，我只好寫這封
信表達我的想法。

首先我對您的慷慨的援助表示感謝。我已經與院長及幾位教母談
過，她們對您的提議也非常感激。但她們經過商議，決定把請您
買什麼的問題讓大主教拿主意。而大主教卻答覆說，對這個如此
貧窮的修道院來說，最明智的辦法是請求施捨物資。

當時我與一位修女談過這件事。我認為這位修女是判斷健全的。
她從修道院的福祉著想，建議我求您辦一椿對我們有益，而您又
不難辦到的事情，這就是請求至尊的教皇陛下讓我們有權從任何
一個僧團中選擇自己的懺悔牧師，三年一換。別的修道院基本上
就是這樣做的，我們希望也能像他們一樣。

塞萊斯特還在信中說，附近一些教會中的牧師有很多是無知
識的、自私自利的和粗魯不堪的人，他們總是千方百計地欺壓女
修士和女見習修士。

這封信本來與伽利略的日常生活無關，但它能讓人了解 17 世
紀義大利社會生活的一點真實情況。

從 1623 年秋季起，伽利略就想去羅馬。他期待著在重新開
始的抗爭中獲得成功。但因患病，無法在 1624 年 4 月以前抵達
羅馬。他啟程後順道在阿克瓦斯帕爾特拜訪了塞西親王，然後前
往羅馬。

他在羅馬待了兩個月。兩個月間他拜訪教皇烏爾班八世不下
6 次，每次都做了長談。

教皇待他非常客氣，還答應發助學金給他兒子，並寫信把他介紹給托斯卡納大公科西莫二世的繼承人費迪南二世。

　　教皇對伽利略的評價非常高，教皇說：

> 伽利略不僅科學功勳卓著，而且還篤信宗教。他有著很多優異品質，我願意頒賜一張榮譽證書，證明他德行高潔並虔信宗教。

　　此時，羅馬教廷對待太陽中心說仍然堅持原先的立場。但樞機主教告訴伽利略，說烏爾班八世曾跟他談過，教會斥責哥白尼學說是受它考慮不周的迷誤，而不算是異端邪說；還有消息說馬捷奧·巴貝里尼對 1616 年 3 月 5 日的教令持否定看法。伽利略希望在馬捷奧·巴貝里尼成為烏爾班八世後，他可以保持傳言中的這種觀點。

　　伽利略回到佛羅倫斯後，懷著巨大的希望開始著手寫《致英戈利的信》，並繼續準備寫未來的《對話》。

　　在 1625 年，他常常到聖馬太修道院去，但從 1625 年年末到 1626 年年初整個冬季他不曾去看過自己的女兒們，其原因可能是寫書工作很緊湊。

　　塞萊斯特在書信中抱怨自己的生活孤寂，訴說父愛漸漸消失。但很快又恢復了昔日的關係。信裡面隱隱約約地流露出很謹慎的，甚至不算抱怨的微嗔，而談修道院裡寒冷、生病、伙食不好的話也不時出現。

　　塞萊斯特有一次問父親：貝羅斯納多的雞店裡有沒有老母雞出售，因為有 20 個生病的修女需要喝雞湯。

　　伽利略埋怨過他的弟弟米蓋，說他是一個不成才的音樂師，

他因家庭負擔重，常常要求哥哥援助。後來他索性把妻子克拉拉連同孩子、保姆一概全部送到哥哥家裡。所有這些事情都記載在塞萊斯特的書信裡，其中甚至還記著為每一位親屬準備盛聖誕節禮物的籃子。

伽利略家裡住的親屬太多，自然影響他的工作，但他是高興的。後來，他病情加重，米蓋領走了他的家人。伽利略卻不得不替侄兒清還欠款，並聽取別人對他這個侄兒的抱怨。

伽利略的兒子文森佐後來也離開母親來到父親身邊。他本來在羅馬已得到了助學金，但由於他不願穿長袍，所以教會就不發給他獎學金。這筆獎學金最後轉歸於伽利略的侄兒名下。可他的侄子不願待在羅馬，很快又回到佛羅倫斯，仍住在伯伯家裡。

1628 年，伽利略的兒子也回到了佛羅倫斯。他常常去修道院看姐姐，其實是去跟塞萊斯特的一個女伴的小妹妹會面，最後兩人喜結良緣。從塞萊斯特的書信中可以看出，伽利略和她為此事操了許多心。文森佐婚後夫妻兩人都住在父親家裡。

1629 年 3 月，塞萊斯特給父親寫了一封信，信中談起了文森佐的妻子。

我很喜歡新娘的殷勤態度，也喜歡她臉上的紅色斑點。不過最大的喜悅還是看到她對您的敬愛之情。據此，我們可以肯定她將懷著十足的責任感從內心裡充分關懷您。這種關懷和責任感，是我們都樂於奉獻給您的。

1631 年春，在塞萊斯特的勸說下，伽利略搬到了修道院附近的阿切特里來住。新居位於修道院旁邊，是屬於馬爾捷里尼先生

的一棟別墅。此後，父女倆可以天天見面了。

在家中度過一段近乎隱居的生活之後，伽利略那顆熱愛科學的心又不安分了起來。

他發現，自己的生命和天文觀測以及天文研究已經緊緊地聯繫在了一起，他無法捨棄自己心愛的事業。

不久之後，伽利略決定繼續觀測和研究。

伽利略原本打算測量地球的經度，這自然是一個耗時耗資的龐大計劃，僅憑個人的力量是無法完成的。

因此，伽利略詳細地寫了一份計劃報告書，呈給斐迪南二世大公。

斐迪南二世大公對這個計劃雖然很感興趣，但是宮廷裡面沒有這筆經費，就把這個計劃轉給了西班牙政府，西班牙政府對此表示興趣不大。

伽利略很是失落，最後決定寫一本天文學方面的著作，全面宣傳自己的天文學觀點。

早在 1618 年秋，天空出現了 3 顆彗星，引起了天文學家的興趣。伽利略因為身體不適，沒有精力觀測。

義大利數學家格拉西進行了觀測，並寫了一本論彗星的書。

書中說，彗星是一種「類行星」，在某個行星軌道上產生、毀滅，望遠鏡的觀察並不可靠，因為它的放大特性會造成一種視覺上的假象。

此時的伽利略對學術爭論已少了興趣，但一些神學家們卻是緊緊抓住他的過去咬死不放，他不得不進行反擊。

為此，伽利略專門寫了《試金者》一書，闡述了彗星理論，回擊那些反對者。

在這本書中，伽利略巧妙地維護和堅持了自己和哥白尼的觀點，從表面上看，伽利略似乎已經服從了教廷的告誡，還批判了哥白尼學說，但仔細一讀，就會明白，伽利略批判的並不是哥白尼學說，而是有人對待這一學說的武斷專橫、頤指氣使的態度。

這場爭論持續了好幾年，伽利略感到實在沒有多大意義，就率先退出了爭論的圈子。

1621 年的一天，伽利略正在家中整理有關資料，為他要寫的一部天文學的著作做準備，新繼任的托斯卡納大公斐迪南二世派人送來一份信函，說是科西莫二世去世了。

伽利略知道科西莫二世這段時期病得很嚴重，不久前已臥床不起，他還曾去看過他幾次，但是伽利略沒有想到，科西莫二世這麼快就去世了。

科西莫二世不僅是伽利略多年的朋友，更是他在科學上的保護人。若沒有科西莫二世多年的幫助和支持，伽利略是很難闖過一個又一個難關的。

如今，科西莫二世的去世，讓伽利略感覺到自己失去了一位在科學上的得力保護人。

但是過了不久，從羅馬又傳來了一個消息，老教皇保羅五世病死，他朋友巴貝里尼紅衣大主教當上了新教皇，稱為烏爾班八世，成為天主教世界新的主宰者。

烏爾班八世思想自由，對科學很感興趣，對學術研究很熱

衷，伽利略覺得，這次他的天文觀測和天文研究可以放心大膽開展而不需要顧及那些條條框框了。

伽利略高興得不得了，他逢人便說，巴貝里尼是他的知音，是他進行物理、天體等科學研究的同行和好友，曾多次支持和保護過他。

在這期間，伽利略曾告訴烏爾班八世他還想著書立說時，烏爾班八世告訴伽利略必須將哥白尼的地動說作為一個假說來寫，否則會有麻煩的。必須把贊成或者是反對這種假說的理由說充分，最後得出太陽繞地球轉這個結論。

伽利略回到佛羅倫斯之後，謝絕一切應酬，一門心思撰寫自己的著作。

伽利略從 1624 年動筆，到 1630 年寫完，斷斷續續寫了 6 年時間。書名叫《關於托勒密和哥白尼兩大世界體系的對話》。

這部書伽利略 1597 年在比薩時就想動筆，那時他寫信給克卜勒，講到了詳細論證太陽中心說。1610 年他在給貝利札里奧·溫塔的信裡也談到了此事，他說我目前必須做完的一樁事，首先是寫兩卷《論宇宙結構的兩大體系》，它中間充滿著哲學、大文學和幾何學的龐大構思。

他在《致英哥里的信》的末尾曾提到《對話》原先命名為《關於潮汐的對話》，後來因教廷不同意，才改用現名。

在《對話》中，他的一些未發表的論文如《論加速運動》、《星際信使》、《關於太陽黑子的信》、《致英哥里的信》以及其他一些他在 30 年間所寫的主要著作，有時是大段大段一字不動

地引用，有時是加以改寫後引用。當然，引用上去的都是他的主要思想。

這部書給讀者留下了邏輯非常嚴整和辭藻十分華麗的印象。這兩個特點都使這部書在後代天文學家心目中認為帶有幾分古色古香的性質。他們覺得嚴整性是略去若干主要爭論問題的結果。

實際上，伽利略既沒有闡述《天文學大全》中所談的托勒密體系，也沒有闡述《天體運行論》中所談的哥白尼體系，更沒有闡述許多評論和討論過的問題的內容。他闡述的只是地球一晝夜間的自轉和它繞著太陽的公轉。

伽利略從自己的任務中把與行星運動的實際不平衡有關的一切都避而不談。

在他看來，太陽中心說體系具有非常重大的優越性，因為它消除了不平衡性。就這個意義說，伽利略落後於克卜勒，甚至落後於自己的微分天文學，以及純粹屬於柏拉圖，亞里斯多德圓周運動概念的本輪體系，只有圓周運動繞著太陽進行這一新的宇宙圖景。

這部書的中心內容是以世界上新發現的科學成就為依據，批判了亞里斯多德、托勒密的地球中心說和宗教的唯心主義世界觀，論述和發展了哥白尼的日心說理論。

在《對話》中，伽利略假托三人四天對話的形式，這是西方一直很流行的，與柏拉圖的對話和後來的《十日談》非常相似。

兩個高貴而機智的貴族是沙格列陀和薩爾維亞蒂，「以純粹的沉思而不以快樂的追求為最大樂事」。

另一個是「逍遙學派哲學家」辛普利邱，代表哥白尼理論的反對者，他「在領悟真理方面最大的障礙，看來是由於他因解釋亞里斯多德而獲得的聲譽」。

表面上看，伽利略只是記錄 3 人的談話，似乎不偏不倚，但實際上他總是讓辛普利邱理屈詞窮。這樣他就在實際上宣傳並支持了哥白尼學說。

《關於托勒密和哥白尼兩大世界體系的對話》迴避了那些比較複雜的問題，比如木星的蝕，專就一系列能夠向公眾解釋清楚的問題展開。書中對於每一個問題，都循循善誘，步步推進，使讀者能夠心服口服，而且真正明白。

他的這部書所針對的讀者要比專業的天文學家和數學家廣泛得多。首先它是用義大利語寫成的，並採用日常談話的對話體，而且論證刪繁就簡，通俗易懂。他只討論兩種世界體系，即托勒密體系和哥白尼體系，而對一些大同小異的體系則略而不談。這個體系把哥白尼的理論大大推進了一步，為專業天文學家和數學家提供了支持日心說的強有力證據。

因為這本書，伽利略被後人稱為「近代科學之父」，但也因為這本書，伽利略受到羅馬宗教法庭的審判。

受到了教廷審判

伽利略在《對話》前言中說，他只把地動說當作一種假說，但是，眼明的人一眼就會看出伽利略是多麼熱愛他的學說。

於是，伽利略的敵人向教皇烏爾班八世證明，《對話》是對神聖教會的致命威脅，它對教會來說，比新教的路德和加爾文更可怕。

甚至有人對教皇說，《對話》的書中有教皇的影子，伽利略在書中放肆地把科學權威和教會權威對立起來。他們還找出一些例句以證明伽利略對教皇的不恭敬。

伽利略的敵人太多了，又有一些人把 1616 年那份貝拉明沒有簽名的記錄找出來給烏爾班八世看，這份文件上寫得很清楚，上任教皇禁止伽利略討論哥白尼的學說。

烏爾班八世被激怒了，他認為伽利略在有意欺騙和侮辱他。

1632 年 9 月的一天，伽利略正在家中處理來自全國各地的來信，所有的來信都是索求伽利略的《對話》一書的。但是，此時《對話》早已是銷售一空，加上上個月羅馬教廷已下令不准再印刷，伽利略不得不給每個來信者回信解釋，表示道歉。

這天中午，一個陌生人來到伽利略的家中。伽利略起初以為是向他索取《對話》這本書的，因為自從《對話》出版以後，登門求書的認識和不認識的人有很多，所以眼前的這個陌生人伽利略也並沒有多加注意。

沒有想到這個陌生人，坐在椅子上，慢條斯理地說道：「伽利略先生，我不是來買書的，我是羅馬教會派來的，有人已告到教皇那裡，說你散布異端邪說，反對教會。教皇非常生氣，已下令把你的書列為禁書，我奉命而來，收繳你剩餘的所有書籍。」

伽利略這才意識到，問題不是那樣的簡單，也不僅僅是將《對話》列為禁書就能解決的。

伽利略對陌生人說：「先生，很抱歉，我現在一本也沒有了。」

但是，陌生人滿臉全是狐疑，說道：「伽利略先生，我是奉羅馬教會之命來找你的，你若不把書交出來，只能回去如實匯報了。」

伽利略感覺這個陌生人的話語中，有種帶有威脅的意味，於是非常憤怒，並且義正詞嚴地告訴陌生人，他手裡一本書也沒有了。

陌生人看到伽利略生氣了，於是說了一些客氣話就匆匆離開了。

但是，不到一個月，伽利略的家中又來了一個陌生人。這個人對伽利略說道：「我是羅馬教會派來的，他們提出想見見你，並且要求你本月底之前到羅馬去。」

第二天，伽利略來到宮廷，向新托斯卡納大公斐迪南二世訴說了他的《對話》一書出版後惹出了麻煩，受到了羅馬教會的嚴厲譴責。

斐迪南二世下令，由佛羅倫斯駐羅馬大使尼科利尼去羅馬教廷了解事情的真相。

過了數日，尼科利尼回函稟報說：

據教廷內部人員透露，教廷的幾位紅衣大主教曾多次召開會議，研討伽利略教授的《對話》一書，認為該書表面上好像是批判哥白尼的學術觀點，而內容的實質是擁護哥白尼的地動日靜說，反對、批駁托勒密的地靜日動說。伽利略教授的這些觀點確實激怒了新教皇。烏爾班八世認為，伽利略違背了 1616 年上任教皇禁止伽利略宣揚哥白尼學說的禁令。說伽利略是有意與教廷的權威挑戰，是對教皇的侮辱和欺騙。

9 月 4 日，烏爾班八世給尼科利尼大使發來一封公函：

貴國學者伽利略，他的《對話》是對《聖經》的侮辱和挑戰。最嚴重，也最危險的是：他書中的觀點最終目的是要推翻教廷，打倒教皇，引起社會的騷亂！

托斯卡納大公看到教皇的公函，知道了事情的嚴重性。於是繼續派尼科利尼大使從中斡旋，在教皇尚未給伽利略定罪之前，希望對伽利略手下留情。

尼科利尼大使透過各種管道，與教廷的幾位紅衣大主教接觸，請他們幫忙，勸說教皇網開一面，對伽利略從輕處罰，並準備親自拜見教皇，轉達托斯卡納宮廷和麥地奇家族希望寬恕伽利略的願望。

這個時候，伽利略給貝拉明主教寫信，他在信中寫道：「親愛的貝拉明主教，你可能已經知道了羅馬發生了一些關於對我不利的事情，我不知是什麼原因，最近一段時間有兩個自稱是羅馬教會派來的人對我進行威脅，我不知道是你的意思，還是教皇的

意思。不過，我隱隱感覺將會發生對我不利的事情，我遠離羅馬，不知詳情。煩請你替我探聽一些有關的情況，並在適當的時機替我說上兩句，我將萬分感動。」

貝拉明收到伽利略的來信後，聯繫了幾個伽利略以前的朋友，前往教廷，打探情況。並且向教皇進言，說此事肯定有誤會，伽利略對教皇那麼崇敬，怎麼可能在書中惡意地醜化、諷刺、嘲笑教皇呢？

教皇告訴貝拉明，伽利略確實是個人才，也是義大利優秀的科學家，但是他不能容忍伽利略對教皇進行侮辱，那樣是大逆不道的，所以，他將下令傳伽利略來羅馬，接受審訊，將一切都解釋清楚。

不久，烏爾班八世派人給尼科利尼大使捎來口諭說：「教廷不管伽利略是著名科學家或者是麥地奇家族的後裔，只要違背了教規就要給予懲罰。伽利略維護的地動日靜說 16 年前就受到了警告。如今他出版《對話》，繼續散布這一非常有害的觀點。他已經捲入了一樁麻煩的案件，勢態十分危險。請大使先生轉告斐迪南二世大公，問題比他設想的要嚴重得多。請佛羅倫斯當局也要嚴加管教伽利略，不應當再讓他去毒害他的學生和到處傳授異端邪說。」

至此，尼科利尼大使的斡旋已經到了山窮水盡的地步。

1632 年 9 月 30 日，羅馬宗教法庭向佛羅倫斯教會下達一項命令。

宗教法庭責成佛羅倫斯教會通知伽利略，請他務必於本年 10 月底以前迅速來到羅馬，聽候法庭的調查與審訊。

受到了教廷審判

　　貝拉明見教皇主意已定，而且態度堅定，知道無法再勸，於是告訴教皇，伽利略已是七旬的老人了，而且聽說近期身體不太好，從佛羅倫斯到羅馬路途遙遠，如果下令立刻就到來的話，很可能就會死在路上。

　　教皇聽了貝拉明等人的勸說後，指示羅馬教廷命佛羅倫斯教會首領派醫生前往伽利略的家，察看伽利略的病情，並且將有關情況報告羅馬。

　　醫生給伽利略檢查了身體，他對伽利略說：「以你目前的身體狀況，你不能去羅馬，否則，你可能會斃命在途中。」

　　伽利略在威尼斯的一些朋友，聽到了這件事情，紛紛來信要求伽利略去威尼斯。他們告訴伽利略，聽說羅馬教廷要把伽利略投入監獄，這是一件非常殘酷的事情，讓伽利略千萬不要去羅馬，並且最好到威尼斯來，因為那裡不怕教會，教會也不能把伽利略怎麼樣，在那裡他們還可以繼續幫助伽利略出版他的著作。

　　伽利略對威尼斯朋友們的幫助，非常感謝，他在回信中說：「謝謝諸位的盛情，我不能去威尼斯，我必須去羅馬，我要向教皇解釋這一切，我還要在羅馬出售我的著作。」

　　幾名醫生會診，將伽利略目前不能去羅馬的結果呈報給了羅馬宗教法庭，希望能夠延期審判。

　　可是伽利略心裡明白，如果他不去羅馬，宗教裁判所就可以對他進行肆無忌憚的宣判，他將更加危險。於是，伽利略決定動身前往羅馬。

　　1632 年 10 月，佛羅倫斯陰雨連綿，秋風瑟瑟。臨近伽利略

去羅馬的日子，他的膝關節炎越發嚴重，連下地走路都十分困難。城內幾位名醫給他看過之後，勸他推遲去羅馬的時間，如果這樣到了羅馬，恐怕兩條腿就要癱瘓了。

因為病情嚴重，伽利略休養了一段時間。在此期間，他的心中一直很是不安，他想儘早地趕到羅馬，向教皇將一切都解釋清楚。

托斯康大公見伽利略的身體依舊虛弱，於是專門派了一名宮廷醫生隨伽利略一同趕往羅馬。

伽利略的馬車在泥濘的路上走了 3 個星期才來到羅馬近郊。恰好羅馬郊區一帶瘟疫猖獗，不准外人隨便進城，伽利略領著僕人住在郊外等候疫情檢查。

檢查人員得知伽利略是托斯康大公的人，很客氣地招待了伽利略，並且還給他們準備了午餐。

1633 年 2 月，伽利略在佛羅倫斯駐羅馬大使尼科利尼的幫助下，終於進入了羅馬城，準備住在佛羅倫斯駐羅馬大使館內，等候審訊。這是伽利略第五次來到羅馬。

剛直不阿的佛羅倫斯外交官尼克利尼不顧眾人的反對，親自去迎接伽利略。他把伽利略安置在他曾經住過的舒適、溫暖的房間裡，並且親自為伽利略安排飲食。在尼克利尼的照顧下，伽利略的身體狀況比以前好多了，之前驚恐和惶惑也慢慢平靜下來，他開始考慮法庭將會怎樣審訊他，他該如何回答，他一再提醒自己，萬萬不可陷入敵人的陷阱裡去。

1633 年 3 月 11 日，按照宗教裁判所的規定，伽利略由僕人

攙扶被關進米涅爾修道院，隔離起來。這裡是宗教法庭準備開庭審訊犯人的拘留所。

在進入米涅爾修道院之前，尼科利尼大使語重心長地告訴伽利略，一定要保持清晰的頭腦，勇敢地為自己辯護。這不僅是為了伽利略自己，也是為了佛羅倫斯公國，為了麥地奇家族的名譽，更是為了科學事業的發展和許多熱愛、支持伽利略的學生和朋友，所以，伽利略一定要爭取無罪釋放，早日回到佛羅倫斯。

1633 年 4 月 12 日，羅馬宗教法庭正式開庭。

宗教法庭的審判庭設在聖瑪利亞修道院大廳內。這座修道院位於羅馬市中心，是一幢古舊的灰色大理石建築，門窗與牆壁殘破不堪，大廳內潮濕陰暗。

廳內正中有一排黑色的大桌子，桌子後面坐著 10 位法官。他們都是紅衣大主教。在 10 位法官中間，有 3 位身穿黑袍的法官，是庭長和副庭長。他們的表情異常嚴峻。

審判團是由教皇的侄子艾弗·巴帕里尼主教領導的一個專門小組組成。

伽利略是由僕人攙扶著慢慢進入廳內的。穿黑袍的庭長見伽利略身體十分虛弱，讓人搬了一把椅子放在廳中間，讓他坐下。

伽利略感到背後升起一股寒氣，這是真正的「以一當十」，伽利略身邊沒有一個朋友，他要一個人去面對十個「異端」法庭的法官，伽利略感到從未有過的緊張和痛苦。可是，當他看見法官身後那高懸的十字架時，他的心稍稍寬慰了一些，上帝會保佑他的，伽利略靜靜地等待著法官的審問。

穿黑袍的庭長手舉一本伽利略的著作《對話》，用拉丁文提

出問題：「這是你寫的著作嗎？」

伽利略抬頭看一下，說道：「是的，是我寫的著作。」

「你為什麼要寫這本書？這本書的內容是什麼？」法官繼續詢問著。

「這是我多年來進行宇宙科學研究的心得，寫出來供科學研究的人們參考，或者留給後人批判評說。只是假借託勒密和哥白尼兩位科學家的對話，說明宇宙中的一些科學現象。」

「你是否應允過檢查人員的要求，在書的『前言』裡要確保每個讀者不會誤認為他在替哥白尼辯護？」紅衣主教繼續問著。

「是的，我已修改過我的『前言』。」

「那麼為什麼『前言』和書體印刷不一致呢？是否以此來表示『前言』與本書無關？」

伽利略說：「『前言』的幾頁手稿在羅馬檢查人的手中扣得太久，所以取回來的時候，全書已經印好。這部分是補印的，所以字體上有所差異。」

接著，庭長又問了一個伽利略沒有想到的問題：「你過去來過羅馬幾次？都是哪一年，每次來羅馬的目的是什麼？」

伽利略感覺身體疲憊，頭暈目眩，他竭盡全力克制身體的不適，回答道：「第一次是 1587 年來羅馬尋找工作；第二次是 1615 年 4 月間來羅馬，研製天文望遠鏡並發現了麥地奇群星；第三次是 1615 年 10 月間來羅馬，因為發表了有關天體的著作而前來羅馬接受教廷的處罰；第四次是在 1624 年來羅馬參加新教皇的登基典禮。」

紅衣大主教，又詢問了伽利略 1615 年第三次來羅馬受到處

罰的事情。這個問題，問得很尖銳。伽利略在 1615 年曾經出版過《星際信使》一書，並在羅馬公開擁護過哥白尼的學說，如果承認了這一點，對自己很不利。

伽利略說：「那是 1616 年 2 月的事，貝拉明主教告訴我，由於哥白尼的觀點與《聖經》相牴觸，所以不能堅持其學說，也不能為他辯護，但可以把它當作假說來討論。我有貝拉明主教在 1616 年 5 月 26 日寫的保證書，這是貝拉明主教親筆所寫。」

伽利略說著從懷中掏出了貝拉明主教當年出具的保證書。

檢察官們檢驗了物證，確實是貝拉明主教親筆所寫。

法官們又問伽利略，在這一生中都出版了哪些作品，這些作品的主要觀點是什麼？

伽利略沉思一陣，緩緩地說道：「我這一輩子寫了不少書，大多數都忘卻了。只記得寫過《論運動》、《星際信使》、《致克麗絲蒂娜的信》、《關於太陽黑子的信》、《嘗試者》和《關於托勒密和哥白尼兩大世界體系的對話》等。」

至於這些作品的主要觀點，伽利略難以回答，他知道這些書大多數都是擁護哥白尼學說的，如果承認是擁護哥白尼學說，必定要處於十分被動的境地。然而不承認，那些書都在明擺著，其觀點世人皆知。

考慮了一會兒，伽利略說道：「雖然有傾向哥白尼的觀點，但只是一種科學假說，與《聖經》的教義並不矛盾。我那些書中的觀點都是探討天上星球是怎麼回事的一種假說而已。」

但是，法官們認為伽利略只是說一些託詞而已。

第二天、第三天審訊繼續進行。在這期間，法官們還對伽利

略施行了一種叫「維利亞」的嚴酷刑訊。

這是一種連續審訊法，法官們分批審訊，幾個小時一換，一次審訊在兩天兩夜以上，不讓伽利略有半刻的休息。

這種審訊對近 70 歲的伽利略來說是很殘酷的，他本來就很虛弱的身體，更是支撐不住。

伽利略意識到，如果自己再堅持與教廷對抗下去，等待自己的將是更嚴格的懲罰，甚至有可能會像布魯諾那樣被燒死在羅馬鮮花廣場。

伽利略此時，已經精疲力竭，精神與肉體不堪折磨。於是，懷著矛盾的心理，在 1633 年 6 月 22 日，伽利略終於在懺悔書上簽字認罪。

伽利略強打精神接過法庭早就寫好的「懺悔書」，念了起來：

我叫伽利略‧伽利萊，已故文森西奧‧伽利萊之子。比薩城人，現年 69 歲。我站在法庭面前，向你們、基督教共和國尊貴的紅衣主教閣下下跪，眼望我親手捧著的福音書宣誓，我永遠信仰並在上帝幫助下將來繼續信仰神聖天主教和使徒的教會包含、傳播和教導的一切。因為貴神聖法庭早就對我做過正當的勸誡，以使我拋棄認為太陽是世界的中心靜止不動的偽學，不得堅持和維護它，不得以任何口頭或書面形式教授這種偽科學，但我卻撰寫並出版了敘述這一受到譴責的學說的書，雖然沒有得出最後的結論，卻引用了對它有利的證據，因此我被確認為有嚴重的異端嫌疑，也就是我認為並相信太陽似乎是宇宙的中心且靜止不動，而地球不是中心並且運動著。

因此，我希望您們，尊貴的紅衣主教閣下的思想中以及從一切真正的天主教徒的頭腦中排除這種理所當然會形成的對我的嫌疑，並誠心誠意地拋棄、詛咒和憎恨上述異端、謬誤或不符合神聖的教會的宗派。

我宣誓無論口頭上還是書面上永遠不再議論和討論會引起對我恢復這種嫌疑的任何東西，而當我聽到有誰受異端迷惑或有異端嫌疑時，我保證一定向貴神聖法庭或宗教裁判員或距離最近的主教報告。此外，我宣誓並保證尊重和嚴格執行貴神聖法庭已經或將要對我作出的一切懲罰。

如我違反這些話、口供、宣誓和保證中的任何一點，我將受到神聖的教規及其他一般的和個別的法典規定對此種罪行所處的一切懲罰和感化手段。願主和我親手捧著主的福音書幫助我這樣做。

我，名叫伽利略·伽利萊，拋棄、悔過並承擔責任如上所述。附上我逐字逐句大聲宣讀的拋棄詞以資證明。

1633 年 6 月 22 日於羅馬米涅爾修道院

當伽利略用顫抖的手在認罪的書上簽字的時候，嘴裡還在喃喃地說道：「反正，地球還是在動的。」

判決書先列舉了伽利略的種種罪名：「伽利略認為太陽是世界的中心而且是靜止的，大地是晝夜運動等許多謬論是真實的，還加以宣傳。關於這種說法你與某些德國數學家透過信，發表過名為《關於太陽黑子的信》的文字等，並且還宣傳了根據哥白尼的假定，反對《聖經》的真正精神和權威的各種原理。」

根據這些罪狀，最後宣布了對伽利略的判決：

我們確定、判斷並宣布你，伽利略，由於在上述過程中被證明的和你所確認的情況，本法庭認為你有重大的異端嫌疑，就是，你信仰並遵守錯誤的、和《聖經》相矛盾的學說，說什麼太陽是大地軌道的中心，不是由東往西運行，大地在運動而且不是世界的中心。因此在這種情形下你應受由神聖的宗教法規和其他一般的和個別的法典規定的一切懲戒和處罰。只有放棄上述錯誤和邪說，同樣地放棄反對天主和使徒的教會的其他一切，在我們的面前真心誠意地按照給你指定的程式拒絕、詛咒、痛恨錯誤和邪說，我們才允許你免受此刑。

但為了處分你這種嚴重和有害的錯誤和罪過，以及為了你今後更加審慎和給其他人做個榜樣，我們宣布，用公開的命令禁止伽利略的異端邪說；判處暫時把你正式關進監獄，我們勒令你在 3 年內每週讀七篇懺悔聖歌一次，作為使你得救的懺悔。我們保留對上述懲罰減輕、變更或完全地和部分地取消懺悔的權力。

1633 年 6 月 23 日以來，這長達 3 個多月的審判結束了，近代實驗科學家的創始人因此而下獄。這是科學史上的悲劇，也是人類的悲劇。

悲傷中失去愛女

　　伽利略被判處監禁之後，被投入羅馬監獄。獄卒趕走了伽利略的僕人，將伽利略關在一間只有 4 平方公尺的黑屋子裡，牆上只有碗口大的一個小洞能透進一點亮光。伽利略只能坐在一堆亂草上睡覺，室內放著屎尿桶，臭氣熏得伽利略不斷地噁心嘔吐。

　　宗教法庭將伽利略投入監獄之後，為了宣揚教廷的威嚴，造成殺一儆百的作用，把對伽利略的判決書和伽利略本人的懺悔書印發到所有教會國家。

　　同時，教廷還派專人去佛羅倫斯，在大教堂召開會議，向教徒和伽利略的親友宣讀判決書和懺悔書。一時間，歐洲各國和義大利各地都知道伽利略是一個擁護哥白尼、宣揚地動日靜說的罪人。

　　伽利略被判入獄的消息傳出後，在義大利引起了強烈的反響。佛羅倫斯、比薩、威尼斯和羅馬等地的科學家們聞訊後，紛紛致信羅馬教廷，請求從輕處置伽利略。

　　在羅馬，以貝拉明主教為首的宗教界人士也紛紛活動，他們上書羅馬教皇，請求羅馬教皇看在伽利略為義大利科學界帶來很高榮譽的份上，從輕發落。

　　在佛羅倫斯，斐迪南二世聽說伽利略被判入獄的消息後，在和其他幾位宮廷科學家商量後，決定親自前往羅馬，為伽利略求情。

　　1633 年 7 月初，斐迪南二世來到羅馬，教皇親自接見。斐

迪南二世以伽利略年事已高而且為義大利的科學發展作過貢獻為由，請求教皇從輕處罰伽利略。

因為有很多人一起向教皇求情，烏爾班八世認為維護自己權威的目的已經達到，於是就特別開恩，命令宗教法庭宣布，准許伽利略離開羅馬監獄，到佛羅倫斯南方的西恩納市大主教彼可羅米尼家軟禁，由彼可羅米尼實行監管。在監管期間，不准伽利略會見任何人，不准發表任何著作，每天要背誦 7 篇懺悔詩。

大主教的住宅十分豪華舒適，加之大主教府從上至下的每一個人都把伽利略視為貴賓。因而，伽利略在這裡得到了很好的照顧。

而且，彼可羅米尼還在精神上拯救著伽利略，當他得知伽利略早先有計劃寫一部關於運動學的著作的時候，他鼓勵伽利略把精力重新轉移到運動學的研究上。這種鼓勵對伽利略來說，有如枯木逢春、久旱逢雨，滋潤了伽利略已如死灰的心靈。

彼可羅米尼表面上向教皇保證嚴加管教伽利略，可是暗中卻氣憤地說：「伽利略教授被判刑是不公正的，宗教法庭是判處一個維護科學真理的學者，從此，義大利將不會再有人敢於去進行新的科學研究。」

在彼可羅米尼大主教的幫助下，伽利略還得到家中來的訊息。自從伽利略去羅馬受審後，阿聖翠山莊的事務由大女兒塞萊斯特照料。她雖然身患重病，但她已從修道院搬到山莊來住，精心飼養伽利略的母驢、鴿子，種植園內的果樹、菜地。秋天，水果和蠶豆都獲得了豐收。

塞萊斯特還寫來一封信，安慰父親說：「我要告訴您，我們

這兒全體長官和修女聽說您已經到了西恩納，大家都很高興。不要說你的名字已從詩人的詞典裡消失了，因為事實並非如此。你的名字無論是在你的祖國，還是在世界其他各國都是不可磨滅的。而且在我看來，如果你的名譽和聲望一時受到損害，那麼不久你就會享有更高的聲譽。」

從這可以看出，塞萊斯特的信對伽利略是多麼的自信和驕傲。這對伽利略來說也是很大的安慰。伽利略也為自己擁有這樣一個通情達理的女兒而感到高興。

伽利略看了女兒的書信後，更加增強了回故鄉佛羅倫斯的願望，他的女兒在信中也期待著父親的回來，她在信中寫道：

> 父親，您知道嗎，您的驢子在您走了以後都發起了脾氣，牠不准任何人去騎牠，鴿籠裡的兩隻小鴿子也已經長大了，等著您回來享用。菜園裡的蠶豆結著飽滿的果實，等著您回來摘，還有您的塔樓，因為長期沒有您和它做伴而悲傷著，它也等您早日回來。您在羅馬的時候，我就在心裡祈禱著：「但願父親能到西恩納來，那就太好了！」而現在，您已經如我所願，到了西恩納，那麼我又在祈禱：「但願父親能回到阿聖翠山莊該多好呀。」願上帝賜福我們！

女兒塞萊斯特的信，只是安慰年邁可憐的父親，沒有想到她的話幾年後就被證實了，說得完全正確。

為了能夠回到家鄉，伽利略不得不再次給斐迪南二世寫信，請求他的幫助。

終於在斐迪南二世和其他幾位頗有地位的人的努力下，伽利略在西恩納市被軟禁5個月。烏爾班八世聽說伽利略在彼可羅

米尼大主教的監管下，對自己的「罪行」認識深刻，每天認真讀懺悔詩，態度非常好，就責令宗教法庭准許他回到阿聖翠山莊軟禁。條件是，由當地教會監管，不准隨便外出，只可以去教堂做彌撒，不得在山莊裡接待任何客人，不准寫文章或發表什麼言論。

伽利略將這個好消息告訴了女兒塞萊斯特。但是女兒回信卻告訴父親自己也許等不到父親回來的那一天了，希望上帝能夠恩準她見一次父親。

此時的塞萊斯特已經是骨瘦如柴，病入膏肓，奄奄一息了。

1633 年 12 月底，在聖誕節過後，彼可羅米尼大主教用一輛暖車將伽利略送回阿聖翠山莊。

當伽利略下了車，拄著手杖一步步登上石階，看到山莊黑色大門時，心臟突然猛烈跳動起來，他走到門前撫摸著冰冷的門框，看到門內凋零的果樹、枯黃的花草和落滿灰塵的小路，一股悲苦淒涼感襲上心頭。

伽利略擔憂女兒的病情，快步走進屋內，來到床前，只見塞萊斯特還躺在床上，臉色灰白，骨瘦如柴。原來美麗清秀的模樣已經不見了。

塞萊斯特自從父親去了羅馬之後，每日為他擔憂、愁苦不堪，身心受到很大的損害，每天飯菜不思，悶悶不樂，不知道年事已高的父親會怎麼樣。

看到女兒憔悴的面容，伽利略心中難過極了，他撫摸著女兒的頭，輕聲道：

「都是父親連累了你，是父親不好。父親要為你祈禱，主一定會
保佑你恢復健康，從此留在父親的身旁，永遠快快樂樂的。」

伽利略說著，已經淚流滿面。

伽利略回到家以後，塞萊斯特精神為之一振，能喝一點點米
粥，還能下地走動幾步。

塞萊斯特蒼白的臉上露出了一點點微笑，可是她慘白的嘴唇
上已經有了死神的印記。

父女倆輕聲談敘了很多事情，親情溫暖著塞萊斯特。

伽利略的小別墅後面是一片青山，山上有青松，前面是一片
草地，院子裡有一處葡萄園，葡萄架下是一張石桌，石桌的周圍
有 4 個小凳子，環境很是幽雅。

在以前，每到閒暇的時候，伽利略都會來到這裡消度時光，
喝酒賞月。但是如今，他的閒逸心情早已沒有了。

羅馬宗教法庭警告他不許離開他的住處。因此，除了每日背
誦聖歌外，大多數的時間，伽利略只得在葡萄架下消磨，或者是
在屋裡漫無目的地踱步，或者是陪著病重的女兒聊天。

每當夜深人靜，天上繁星點點的時候，伽利略仰望天空，心
中常常隱隱作痛，他盡力克制自己，不要去想太陽、月亮、地球
和星星的事情，可以說，羅馬法庭給他帶來的更大更深的是心靈
裡的創傷。

無聊的時光，讓伽利略心中感覺到難受至極，於是他覺得自
己不能再這樣讓時光白白流逝，他要利用生命的最後一段時間，
好好總結一下自己的過去。

因此，伽利略重新動筆，他將青年時期從事物理、數學和研究時的講義以及筆記找了出來，打算將這些草稿整理成書，以傳後人。

　　伽利略將這本書取名為《關於兩門新科學的對話》，依然是以對話的形式，繼續進行關於理學的探討。

　　這本書對伽利略來說，既是對過去成果的總結，也是對新領域進行的探索。

　　數學和力學本來就是伽利略最感興趣的領域，而且正是因為力學在最初給他帶來了榮譽，帶來了聲望，所以，伽利略在寫作這部書的時候得心應手，甚至忘記了憂愁、寂寞以及目前的處境。

　　正當伽利略滿懷欣喜進行寫作之時，又一突發的事件一下子讓伽利略跌入了萬丈深淵。

　　1634 年 4 月 2 日，塞萊斯特終於嚥下最後一口氣，與世長辭，享年只有 33 歲。

　　伽利略在風燭殘年，剛剛受到教廷的迫害，又突然失去最心愛的女兒。白髮人送黑髮人，在他未曾痊癒的傷口上又撒了一把鹽，他遭受了難以想像的沉重打擊，每天都處於沉重的悲傷與痛苦之中。

　　使伽利略稍加安慰的是，小女兒有時會從修道院來看看他，但利維亞和伽利略的感情淡薄，父女間沒有共同語言。

　　兒子文森佐常常領著妻子和孩子來阿聖翠山莊探望父親，小住數日。小孫兒的頑皮和活潑，給爺爺帶來些許高興。

正當伽利略的生活逐漸安定下來，心情稍有好轉的時候，他突然感到下腹部疼痛難忍，扙著手杖走路都十分困難，叫僕人請來醫生瞧看，說是嚴重的疝氣，需要到佛羅倫斯市大醫院治療。

伽利略請教會向羅馬教廷提出申請，允許他到佛羅倫斯就醫。

教廷拒絕伽利略的這一要求。

從此，伽利略的心情越來越不好，身體越來越虛弱，他甚至想就此了卻殘生，到天堂去陪伴他心愛的女兒塞萊斯特。

而隨著伽利略身體越來越虛弱，他原本就生過病的眼睛也大受影響，視力開始下降。

為科學事業獻身

自從女兒塞萊斯特去世之後，伽利略又得了重病，之後又是一度的消沉。

終於熬過了寒冷悲傷的冬季，地中海刮過來的暖風把大地的萬紫千紅喚醒，伽利略的心情也隨著大地回春而漸漸從痛苦中平復過來。

想到與自己最為親密的女兒塞萊斯特依舊會一陣陣的悲傷，尤其是他回來後看到她形容枯槁的樣子，不由讓伽利略經常地讚歎，多好的一個孩子，可惜他沒有更多地去照顧她。而女兒卻是在他最悲觀最失落的時候一直在寫信安慰著他，鼓勵著他。

想到這些，伽利略突然感覺到振奮了起來，為女兒如此地為自己而感到欣慰。

伽利略覺得，自己不能再這樣消沉下去了，為了女兒他應該繼續努力，直到生命的最後一刻。他想起，在西恩納市被軟禁時，彼可羅米尼大主教就曾經勸過他，將來有時間可以把物理學方面的研究成果總結一下，彙集成書，為科學事業的發展做出貢獻。寫出書來，教廷不讓出版，但是總有一天會出版的。彼可羅米尼大主教說得對，我不能用望遠鏡看，但可以拿起筆來寫。

於是，伽利略繼續自己之前已經開始的《關於兩門新科學的對話》工作。

當阿聖翠山莊果園裡碩果纍纍的時候，伽利略陸續接到好幾

個令人高興的消息：他在早年撰寫的力學論文，彙集成《力學》一書，被譯成法文，在法國出版；他的《關於托勒密和哥白尼兩大世界體系的對話》一書，被譯成拉丁文也在法國出版；他的《嘗試者》和《致克麗絲蒂娜的信》兩本書，被譯成拉丁文，同時在荷蘭出版。

這些令人振奮的消息，使伽利略備受鼓舞，加快了《關於兩門新科學的對話》的寫作速度。

到了 1635 年年末，《關於兩門新科學的對話》的前半部脫稿。伽利略派人聯繫出版事宜遇到了困難。

羅馬教廷向有教會的歐洲國家下令，任何時候都不准出版或再版伽利略的著作以及由他編輯的著作。為此，很多國家的出版商不敢出版《關於兩門新科學的對話》一書。

於是，伽利略托朋友將書稿送到了國外。這位朋友是一位力學工程師，他對伽利略的這本書很感興趣。他在德國和波蘭等地奔波數月，也未能找到願意出版此書的出版商，因為各地教會都擔心涉入伽利略案件。

最後，找到的唯一願意出版伽利略著作的竟然是一位紅衣主教，他家裡有印刷機，這不能不說是莫大的諷刺。但是正要開工的時候，紅衣主教被一場暴病奪去了生命。

有人建議工程師去找荷蘭的艾鮑維爾家族，這是荷蘭一個很著名的出版家族，他們曾出版過伽利略《關於托勒密和哥白尼兩大世界體系的對話》一書的拉丁文譯本，在歐洲產生不小的影響。

這位工程師朋友找到艾鮑維爾家族的一個書商時，老闆當即表示願意出版此書。

1637 年的春天，伽利略費時 3 年，終於完成了他的最後一部巨著。1638 年，《關於兩門新科學的對話》在荷蘭的萊頓終於祕密出版。

所謂「兩門新科學」，指的是材料強度和運動學。在此書中，伽利略奠定了運動學的基礎。特別是，他透過對砲彈從射出炮口到落地的軌跡是一條數學上的拋物線的論證，對於運動在不同方向上的份量，以及這些份量在各種情況下的疊加與合成，給出了完美的解決。

此書被視為近代物理學的基石之一，其處理問題的思路和手法則成為近代科學的典範。所以愛因斯坦說「他就是近代物理學之父 —— 事實上是近代科學之父」。

與第一部《對話》相比，《關於兩門新科學的對話》中的許多內容要更艱深一些，書中有大量的「定理」「命題」和「問題」，而且因為那時還沒有微積分這樣的數學工具，所以伽利略的許多證明只能採用相當煩瑣的幾何證明。當然，在說服辛普利邱時，他仍然花費了許多篇幅進行通俗解釋。

伽利略對於力學的研究，在他的科學活動中占有極為重要的地位，他所建立的擺的定律、慣性定律、落體運動定律，以及對拋體運動的研究和他提出的相對性原理，奠定了動力學的重要基礎。以後經牛頓的發展完善，建立了現代經典力學的系統理論。

讓人感覺不可思議的是，伽利略費勁九牛二虎之力出版的這

本書，卻被一些不懷好意的人誣稱為走私文稿，他們再一次告到了羅馬教廷。

羅馬教廷當即組織了調查組，調查這件事情。

羅馬教會向伽利略詢問此事，伽利略回答說：「這本書的出版我全然不知，我知道的只是有幾位科學家曾經看過我的手稿。」

幫助伽利略出版的工程師朋友，也極力證明伽利略的清白，說伽利略對此事件一概不知。

當時，羅馬教會正疲於應付敵國的進攻，也就無暇細查伽利略的事情，而且這本書中沒有任何違禁之處，這件事也就不了了之了。

然而，不幸還是沒有放過伽利略，由於寫書勞累過度，伽利略在出書後的幾個月就雙目失明了。

雙目失明的伽利略很痛苦，在這時他的學生卡斯特里來到他的身旁，幫助伽利略做一些力所能及的事情。

卡斯特里是伽利略在比薩大學教書時幫他從事落體實驗的優秀學生之一。此時，他已經是比薩大學的著名教授。他對自己老師的遭遇非常同情，所以在伽利略被軟禁的一段時間內，經常來看望伽利略。

卡斯特里為伽利略能去佛羅倫斯治眼睛而四處奔波著，最後，羅馬教會批准伽利略到佛羅倫斯的兒子家居住，但是禁止伽利略與別人交談。教會的這種不人道的做法，恰恰說明了對伽利略所代表的真理的恐懼。對一個雙目失明的74歲老人如臨大敵，這讓卡斯特里感覺到教廷卑鄙與殘忍。

卡斯特里為老師的失明而感到悲痛，他說：「大自然中一雙高貴的眼睛失明了！這雙非凡的眼睛看到了前人從未看到的事物，並為後代打開了一扇寬闊的探索之門。這樣了不起的眼睛失明了，怎不叫人悲傷呢！」

伽利略雖然失明了，但是他依然不允許自己庸庸碌碌地生活下去。

他跟兒子說想請一個助手，處理一些信件並照顧他的生活。伽利略還在心裡有一個打算，如果有助手，他可以讓助手幫他記錄一些還沒來得及寫在紙上的思想，免得它們稍縱即逝，而且，一旦有了助手，他就可以回到阿聖翠山莊了。

伽利略還把他的想法向他的學生卡斯特里說了。卡斯特里很贊同給老師找一個助手，但是，這樣的大事，必須透過教廷，沒有教廷的批准，任何人都不敢隨便來到罪犯伽利略的身邊。

1638年年底，在卡斯特里等人的多次請求下，教廷找到一個年齡只有16歲的維之安尼，前來給伽利略當助手。教廷之所以叫一個孩子來到伽利略身邊，是利用他年幼無知，容易控制，可以更加嚴密地監視伽利略。

維之安尼出身貴族，因家道中落，沒有完成學業，但他聰明、機敏，愛好科學，十分崇敬有學問的大科學家。

當他被教廷派往伽利略身邊充當密探時，心情很複雜。他早就聽說過伽利略在比薩斜塔上做落體實驗和用望遠鏡發現麥地奇星群的故事，對伽利略很崇拜，儘管教廷一再交代，他自己卻改變不了原先的看法。

開始，伽利略還對他心存芥蒂，但不久，他就發現這是一個很真誠的年輕人，他對伽利略有著發自內心的尊敬和愛戴，於是兩人很快就合作得很愉快，伽利略感到得心應手、如魚得水，二人情同父子。

1639 年，維之安尼和伽利略在宗教裁判所的應允下，又回了阿聖翠山莊。

伽利略有了助手，又開始了他的科學研究工作。由維之安尼幫他讀有關資料，進行一些實驗的準備工作，起草了一些論文的手稿等。他很少誇獎自己的學生和助手，但他卻當著幾位來訪者，多次誇獎過維之安尼，說他是一名可造就的人。

伽利略對維之安尼一點都沒有看錯，經過一段學習，維之安尼學問大增，知識面越來越廣，成為伽利略最好的學生之一。當伽利略去世後不久，維之安尼冒著教廷迫害的威脅，寫了一部長篇的《伽利略傳》，宣揚了老師一生的功績。後來，維之安尼也被佛羅倫斯宮廷聘為數學教授，沒有辜負伽利略老師對他的培育和期望。

這也是唯一一部有特殊價值的伽利略的傳記。

維之安尼去世後，他保存的伽利略的筆記和書信被人遺忘了。直到 1754 年的一天，佛羅倫斯公共圖書館負責人下班後去市場買肉，回家後，他打開包肉的紙，這才發現包肉紙原來是一張筆記本的一頁這才解開了《伽利略傳》與伽利略筆記發現的序幕。

伽利略回到阿聖翠山莊以後，不斷有人來訪，除了往日的朋

友、學生之外，最知名的是斐迪南二世。他絲毫不懼怕羅馬教廷的淫威，多次前來探望伽利略，稱伽利略是托斯卡納大公國的驕傲，鼓勵他繼續進行科學研究，為人類造福。

英國著名詩人彌爾頓，到文藝復興發源地佛羅倫斯訪問時，專程來到阿聖翠山莊拜訪了伽利略，和他晤談了一天時間。對伽利略首次用望遠鏡觀測天體，揭開了宇宙的奧祕表示欽佩。他認為，伽利略雖然雙目失明了，他卻摧毀了人類愚昧的時代，為人類迎來了新的曙光。

還有一位經常來訪的是卡斯特里的學生，義大利的著名物理學家托里拆利。他有時還住在阿聖翠山莊，向伽利略學習固體力學知識。在伽利略的幫助下，他將力學的研究擴展到液體和氣體領域，並獲得發明水銀氣壓計等重大科學研究成果。托里拆利和維之安尼一起，陪伴伽利略度過他生命的最後一年。

1641年年底，伽利略感到自己就要不久於人世了，於是，他請來公證人，立下遺囑，把一小筆年薪贈給了二女兒利維亞，他知道女兒並不需要這個，但這至少可以說明他不曾忘記過她，他把一筆為數不少的財產全部給了兒子，他要求死後葬在靠近父母的墓地裡。

公證人扶著老人顫抖的手在遺囑上簽字。

1642年1月9日，伽利略在阿聖翠山莊的臥室裡，心臟停止了跳動。

就這樣，享年78歲，勤奮一生的偉大科學家伽利略，在被羅馬宗教法庭判處監禁，監外服刑期間離開了人世。

直到最後，宗教裁判所也沒有放鬆對伽利略的迫害，宗教裁判員企圖占有他的文件，不准許把他安葬在教會專用的墓地內。

幾百年過去，教會始終禁止伽利略的著作，直到 1853 年，伽利略的著作才與哥白尼、克卜勒及其他天文學的最初發現者的著作從禁書目錄中刪去。

伽利略的結局，不僅僅是他個人生活的悲劇，而且給當時整個科學界都帶來了消極的影響。

羅素曾就宗教裁判所對這位偉大學者的審判而造成的後果說：

結束了義大利的科學，科學在義大利歷經幾個世紀未能復甦。

義大利哲學家安東尼奧・班菲更加沉痛地說：

譴責伽利略對義大利的有害後果之一，是使科學喪失了效能，因此，我國文化長期遭受災難，並且繼續遭受著災難，尤其是在哲學科學領域。

伽利略在離開人世之前，還重複著他以往常說的一句話：「追求真理需要特殊的勇敢！」

是呀！伽利略的一生的確是他的這句話的生動寫照。為了追求真理，伽利略做到了這一點。儘管晚年的伽利略曾被迫發表了「懺悔書」，但無論從對科學的執著追求，還是對宗教裁判所的鬥爭，伽利略都是做到了「特殊的勇敢」。我們在敬佩伽利略為人類所作出的一系列傑出貢獻的同時，也非常欽佩他在中世紀那種嚴酷的環境中仍能與宗教勢力進行不屈不撓的抗爭的精神。

伽利略在科學上的重大貢獻之一無疑是將力學確立為一門科學。在他之前，雖然個別有價值的定理被人們發現，並加以證明，但是首先提出力與運動的因果關係，並加以推廣的，乃是伽利略。

自阿基米德以來，已有研究物體平衡的學科，但對物體運動的研究卻是始於伽利略。哥白尼體系的勝利，與伽利略的研究成就是分不開的。假如沒有伽利略提出力與運動的概念和它們間的相互關係，牛頓也難窺破天文的奧祕。牛頓的運動三定律是伽利略實驗工作的總結。伽利略雖然沒有把這些定律寫成確定的形式，實際上他已多次應用它們去解決許多力學問題。

作為一個非純粹數學家，伽利略沒有達到與他同時代的一些數學家那樣的造詣，可是解決實際問題卻已引導他進入微分學的基本概念。他所運用的科學方法仍然引導我們進入發明的大道：這方法是以實驗為基礎的不斷總結，並從中抽出基本概念，同時也不斷地將理論和實驗的各種結果進行相互印證，從而達到完美的統一。

伽利略的另一個傑出功績還在於，在他以前，人們普遍認為如果不連續施力於物體，物體將會停止運動。而伽利略認為，物體一旦受了力的作用以後，它將永遠做勻速直線運動，之所以停止是由於受到了外界的阻力。伽利略還指出了物體在同一時間內不能有兩種不同的運動是謬誤的。在他以前，人們認為：砲彈或其他拋射體先循直線運動，當衝力用竭之後，它再垂直落下。

可是，伽利略說明了砲彈的軌道是水平向勻速運動與垂直向

勻加速運動的綜合效應，從而確定幾種運動可以綜合的原理。反對哥白尼學說的人認為，如果地球在自轉，則垂直向上的物體落地之點應該不是拋出時的出發點。可是，伽利略指出，物體接受一個新的衝力，並不干擾它已經接收的其他力量，這叫做伽利略的相對性原理。地面的物體由於都參加了地球自轉，因而彼此並不感覺在運動。

伽利略在自然哲學上的貢獻，大大衝擊了當時控制學術界的經院哲學。經院哲學充滿了模糊的觀念和玄虛的氣氛。例如，認為物體的本性有重與輕，長存與腐朽；運動有自然與兇猛等的區別。

伽利略首先將這些玄虛的語詞，從科學詞彙中清除出去。伽利略說明重與輕是相對的，一切物體都有重量，即使是看不見的空氣也有重量。物體運動是力作用於物體的效果。力可以是間斷的也可以是連續的。例如，重力是一種引向地心的連續力，在真空裡，物體都以同樣的速度墜落。運動的連續性和靜止的永恆性都是物體「慣性」的表現。一切物體都會腐朽或者說都會變化。

伽利略最主要貢獻在於天文學方面。他研製成了歷史上第一架放大倍數達 32 倍的望遠鏡。他用這架望遠鏡獲得了一系列重大發現：月球表面是凹凸不平的，不像亞里斯多德說的那樣，天體都是平滑光亮的；銀河也是由千千萬萬顆黯淡的星星所組成；木星有 4 顆衛星圍繞它旋轉，這表明在地球以外存在著不以地球為中心的天體。這些發現是對哥白尼、布魯諾觀點的大力支持，更是對反對教會觀念的有力駁斥與巨大衝擊。

此外他還留下了偉大的天文學著作《關於托勒密和哥白尼兩大世界體系的對話》。在書中他再次支持了哥白尼的觀點，給羅馬教會又一次強烈的震撼。

伽利略思想是時代的產物。因為那時，人們已經開始直接注意自然現象，而不是盲目地沿襲亞里斯多德的論調。伽利略適應時代的潮流，並促進了潮流的發展。雖然伽利略在生前遭受事業的挫折和精神的創傷，但由於他對真理的追求、論證的有力、例證的豐富，終於贏得後人的崇敬和讚揚。

終於，在 1979 年 11 月 10 日，羅馬教皇也在公共集會上承認 17 世紀 30 年代教廷對伽利略進行審訊是不公正的。1980 年 10 月，教皇又在梵蒂岡舉行的世界主教會議上，提出需要重新審理伽利略案，這都說明了伽利略的巨大貢獻和對真理與科學的追求已被舉世所認可！伽利略也已漸為世人所敬仰！

在科學研究中，伽利略拋棄了迷信權威的觀點，依據從經驗和實驗中得來的事實，並以推理為基礎。伽利略反對從前人的著作中去尋求真理。他認為科學的基礎在於實驗，真正的哲理應該向自然界這部大「書」裡去尋求。從這一觀點出發，伽利略成為一個自發的唯物主義者。

伽利略認為，每個人都可以閱讀這部自然界的大「書」，只要能看懂它的「文字」，而這種文字就是數學。因此，伽利略的方法是：一方面觀察和實驗，另一方面也要對獲得的結果進行數學分析，將二者有機結合起來。伽利略認為，只有那些歸結為數量的物質屬性才是真正有價值的。他曾說：「除了外界物體的

大小、形狀、數量、質量、運動的快慢以外，我從來不向它們要求任何別的東西。」

根據伽利略的認識論，感覺是認識的開端，而理性的活動是認識的終結。在將感性認識進行分析以後，就要對認識的材料進行理性的加工。於是，經驗材料經過檢驗，分散的知識被集中起來。伽利略進一步認為，既不能簡單地描述現象，又不能簡單地羅列事實，必須闡明它們之間的因果關係和本質規律。人們掌握了因果關係之後，就能預測未知的現象，因為自然界裡一切事物都是服從於嚴格的因果律的。

克卜勒主張物質有本性和屬性。伽利略進一步認為，屬性不過是觀察者主觀感覺的印象，與物體的本性迥然相異。物體的大小、形狀、動靜和所在的空間與時間，均屬於本性，而物體的色、聲、香、味都只是觀察者的某種感覺，是其屬性，它們只存在於生物體的感覺之中，如果離開了感覺，那麼這一切性質也自然而然地隨之而消失了。所以說，伽利略認為認識現象的內在必然性才真正是「知識的最高階段」。伽利略的思想是與古希臘原子論者的意見基本相符合的。伽利略也接受了物質原子論，並且詳細地討論過由於原子的數目、重量、形式、速度等因素的不同，而可能發生色、聲、香、味等的差異。

伽利略無疑是一個天才哲學家，他有著改變人類思想方式的思維和懷疑家的天性，這使他有一套嶄新的哲學在懷疑論的基石上建立了一個信仰的神殿。

他用科學的頭腦來探求宇宙人生的奧祕。他認為這種思維方

式與其歸屬哲學，還不如歸屬數學的範疇。他先做了一個科學的假定：任何事物在未經證實其真實性以前，不得認為它是真實的存在著的。

他說：「我們應該抱著懷疑的態度去探討物理學、天文學以至形而上學。我們應該處於絕對客觀的地位，既非盲目地相信任何事物，也不武斷地否定它們的存在。我們穿過懷疑的門檻進入宇宙人生的祕密寶庫。我們在這個寶庫裡發現了什麼？」

「在起初是一無所見，漆黑一團。我們像森林中的迷路人一樣，四顧茫然，不知所從。但是我們不要猶豫，我們要帶著懷疑的眼光和研究求證的精神勇往直前地去追尋真理。我們的懷疑、研究和求證才是通往真理的康莊大道。」

「我常常反問我自己，在覺醒時，浮現於腦海中的思想和想像為什麼會一成不變地時常在夢境中重現呢？它們究竟在哪種情況下出現才算是真實的呢？在思考這個問題的時候，我又發現一個鐵的事實，的確有些事物在做思維的活動，這個做思維活動的主體又是什麼呢？啊，我明白了！那是我自己。我最後下了一個結論『我想，我存在』。」

伽利略的思想在當時的歐洲是非常可貴的和先進的帶有反神學色彩的哲學思想。

他在論證了這個問題後，給了我們一個簡單而符合邏輯的答案：「我是能夠思想的事物和心智。我是一種能思能慮的事物。這種事物不一定要有物質和方位才能存在。這個事物就是我，我就是靈魂。靈魂和軀體不同，沒有靈魂我就不能成為我，更談不

上論證和思考一些問題了。」

「我的軀體不存在了，我們的靈魂卻依然故我長駐永存。」

經過伽利略的邏輯大門，我們進入了宇宙人生奧祕的寶庫。但是這個大門旋轉得太快了，使人感到天旋地轉，頭昏腦漲。我們剛站穩腳跟，從它的「玻璃窗」中偷窺一下自己的本來面目，卻又被這個大門旋出寶庫之外了。這就是哲學的體性和奧祕。哲學家想把抽象的思想描繪成具體的形象。他的任務是在無邊的黑暗中，追尋真理的明燈。

波斯詩人魯拜說：「我們隔著一重輕紗，看不到真理的體象。我們只好暫時談談你和我。但是過不多久一切都會煙消雲散，還到哪裡去找你和我呢？」

除了代表「我」的靈魂以外，我們又從他的透視裡看到些什麼和如實存在的事物呢？他的回答是：我們的肉體和統御萬物的上帝。我們很清楚地看到肉體是具體的物質，靈魂是抽象的精神。

什麼是「我」？「我」就是精神和物質的組合物。前者發號施令，處於主動地位；後者運轉行動，處於被動地位。如果說前者是機器，那麼後者就是操縱機器的技工。這種靈魂和肉體之分在西方哲學系統中稱為二元論。那就是說，宇宙萬物就其根源而言，可以劃分為「心」與「物」或「靈」與「肉」兩個單元。

在西方哲學發展中，伽利略的理論具有重要的地位。唯物哲學家托馬斯認為，心智是軀體的一部分。他說：「我同意伽利略這種看法，人類的軀體像其他生命的身軀一樣，只不過是一種自

由轉動的機器，因此，在不久的將來，人類的生理和心理活動都可以用機械原理解釋出來。由此宇宙間絕無所謂靈魂的存在！」

相反的唯心派哲學家貝克萊等則堅持身體是心靈的從屬，他否認物質具有相對獨立性。因此，伽利略的思想對唯物主義和唯心主義思想都產生了巨大的影響。

伽利略另一個哲學觀點是認為人總不能達到盡善盡美。因此每個人都必須不斷地去努力，使自己無限接近於完善的境界。這是一種發展的辯證法觀點。

可是，他和許多自然科學家一樣，並不能自覺地達到唯物主義和辯證法結合。他說：「除了自然界那部大『書』之外，還有一部救世的書。前者屬於物的真理，須待人們去發現；後者屬於靈的真理，是人們所不能發現的。」顯然，伽利略的世界觀，還未能擺脫時代的侷限，但我們不應因其世界觀的侷限而去否定他的光輝一面，這才是科學地對待前人的態度。

為科學事業獻身

附錄 : 伽利略年譜

1564 年 2 月 25 日，伽利略出生於義大利西部的比薩。

1574 年，隨父母遷到佛羅倫斯居住，並進入當地的修道院學習神學。

1581 年，完成了修道院學習，並進入比薩大學攻讀醫學。

1583 年，從教堂擺動的吊燈中獲得啟示，逐漸悟出鐘擺等時性的原理。

1584 年，從比薩大學退學，在家裡自學數學。

1585 年，撰寫《流體力學》。

1587 年，第一次去羅馬訪問學習，並獲得了一些聲譽。

1589 年，被聘為比薩大學的教授，並做了自由落體實驗。

1591 年，父親辭世，離開比薩，前往威尼斯，尋找出路。

1592 年，被帕多瓦大學聘為教授，與甘巴相愛，並在同年發明了繪圖儀。

1597 年，支持哥白尼的地動學說的態度有所表露。

1600 年，長女塞萊斯特出生。

1601 年，次女利維亞出生。

1604 年，發現新的星座，並發表了有關此星座的演講，被當局斥為邪說。

1606 年，兒子文森佐出生。

1609 年，製造望遠鏡，被聘為帕多瓦大學的終身教授。

1610 年，發現了木星的衛星群，命名為「麥地奇星群」。回到佛羅倫斯任宮廷數學顧問，完成《星際信使》一書。

1611 年，第二次去羅馬旅行。

1612 年，開始研究溫度計。

1615 年，第三次去羅馬，為使人們相信地動說而四處奔波。

1616 年，受教會告誡，放棄地動說。

1624 年，第四次去羅馬，教皇烏爾班八世對其禮遇有加，但仍不予以解除禁令。

1628 年，撰寫《關於托勒密和哥白尼兩大世界體系的對話》一書。

1630 年，《關於托勒密和哥白尼兩大世界體系的對話》完成，4 月，第五次去羅馬為著作申請出版權。

1631 年，《關於托勒密和哥白尼兩大世界體系的對話》獲準出版。

1632 年，《關於托勒密和哥白尼兩大世界體系的對話》正式問世。7 月，被禁止出售。

1633 年，在羅馬受審，被迫承認所倡為異端邪說，並被判處監禁。

1634 年，長女病逝。

1636 年，從事運動學研究，撰寫《關於兩門新科學的對話》。

1637 年，《關於兩門新科學的對話》完成，雙目失明。

1642 年，病逝於佛羅倫斯的阿聖翠山莊，享年 78 歲。

科學革命者伽利略：

上知日月星相，下知力學慣性，揭發真相的探索者，百折不屈的科學人生

編　　著：潘于真，馬貝

發 行 人：黃振庭

出 版 者：崧燁文化事業有限公司

發 行 者：崧燁文化事業有限公司

E-mail：sonbookservice@gmail.com

粉 絲 頁：https://www.facebook.com/
　　　　　sonbookss/

網　　址：https://sonbook.net/

地　　址：台北市中正區重慶南路一段六十一號八
　　　　　樓 815 室

Rm. 815, 8F., No.61, Sec. 1, Chongqing S. Rd.,
Zhongzheng Dist., Taipei City 100, Taiwan

電　　話：(02)2370-3310

傳　　真：(02)2388-1990

印　　刷：京峯彩色印刷有限公司（京峰數位）

律師顧問：廣華律師事務所 張珮琦律師

定　　價：299 元

發行日期：2022 年 08 月第一版

◎本書以 POD 印製

國家圖書館出版品預行編目資料

科學革命者伽利略:上知日月星相,
下知力學慣性,揭發真相的探索
者,百折不屈的科學人生 / 潘于真,
馬貝編著 . -- 第一版 . -- 臺北市 :
崧燁文化事業有限公司 , 2022.08
　面；　公分
POD 版
ISBN 978-626-332-625-5(平裝)
1.CST: 伽 利 略 (Galilei, Galileo,
1564-1642) 2.CST: 傳記
784.58　111011945

電子書購買

臉書